FACULTÉ DE DROIT DE PARIS

DES INCAPACITÉS RÉSULTANT DE LA FOLIE

EN DROIT ROMAIN ET EN DROIT FRANÇAIS

THÈSE POUR LE DOCTORAT

PRÉSENTÉE ET SOUTENUE

Le mercredi 13 juillet 1881, à 1 heure

PAR

Albert COUSIN

Avocat à la Cour d'Appel de Paris.

Président : M. COLMET DE SANTERRE, *professeur.*

Suffragants : { MM. LÉVEILLÉ, ACCARIAS, ALGLAVE, LAINÉ, } { *professeurs.* *agrégés.* }

Le Candidat devra en outre répondre à toutes les questions qui lui seront faites sur les autres matières de l'enseignement

PARIS

ALPHONSE DERENNE

52, boulevard Saint-Michel, 52

1881

FACULTÉ DE DROIT DE PARIS

DES INCAPACITÉS RÉSULTANT DE LA FOLIE

EN DROIT ROMAIN ET EN DROIT FRANÇAIS

THÈSE POUR LE DOCTORAT

PRÉSENTÉE ET SOUTENUE

Le mercredi 13 *juillet* 1881, *à* 1 *heure*

PAR

Albert COUSIN

Avocat à la Cour d'Appel de Paris.

Président : M. COLMET DE SANTERRE, *professeur.*

Suffragants :
{ MM. LÉVEILLÉ,
ACCARIAS,
ALGLAVE,
LAINÉ, }
{ *professeurs.*

agrégés. }

Le Candidat devra en outre répondre à toutes les questions qui lui seront
faites sur les autres matières de l'enseignement

PARIS

ALPHONSE DERENNE

52, boulevard Saint-Michel, 52

1881

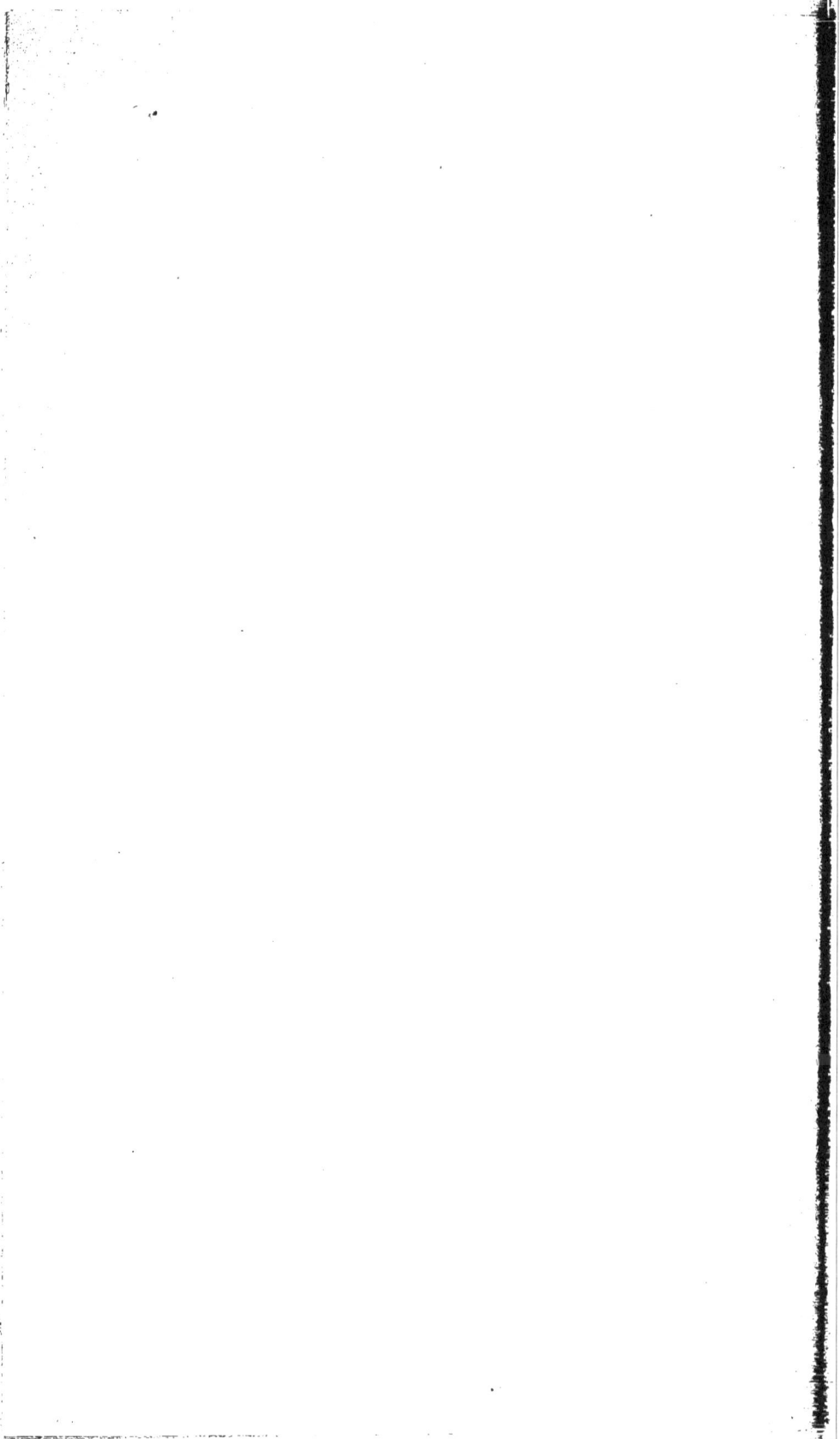

A MON PÈRE

A MA MÈRE

A MES PARENTS

A MES AMIS

DROIT ROMAIN

PROLÉGOMÈNES

Lorsqu'une cause particulière ou accidentelle met une personne dans l'impossibilité de donner une direction à ses affaires, c'est un devoir pour la société de se protéger elle-même en secourant la famille et l'individu s'il est possible, contre l'infirmité dont il est atteint.

Le *furiosus* était la personne dont l'aliénation mentale frappait tous les yeux, et pouvait, en même temps avoir pour le fou, pour son patrimoine, pour sa famille et même pour la société les plus funestes effets. Aussi l'état du « *furiosus* » préoccupa-t-il nécessairement le législateur romain.

Ulpien nous affirme qu'un fragment de la loi des XII Tables réglait la condition du « *furiosus* (1). » Voici dans quels termes Cicéron nous a conservé ce texte :

« *Si furiosus escit, agnatorum gentiliumque in eo pecuniaque ejus potestas esto* (2). »

Ortolan l'a complété avec celui de Festus :

---

1. Reg. XII, § 2.
2. *De invent.* II, 50 ; *Tuscul.* III, 5 ; *de repub.* III, 23 ; *ad heren.* I, 13.

Ast ei custos nec escit (1). »

Il a traduit :

« Pour le fou qui n'a pas de curateur, que le soin de sa personne et de ses biens soit à ses agnats et à défaut à ses gentils (2). »

La loi des XII Tables ne s'occupait donc pas de tous les fous, mais elle parlait seulement du « *furiosus* » c'est-à-dire du fou qui avait des intervalles lucides.

Il en résultait que le « *mente captus* », le fou sans intervalles lucides, ne se trouvait pas alors parmi les incapables.

Dès cette époque les Romains avaient cherché plutôt une mesure conservatoire en faveur de la famille que le moyen de protéger le fou (3). C'est pourquoi on ne prenait pas souci du « *mente captus* » incapable de toute volonté, incapable aussi de nuire jamais à la famille par des consentements irréfléchis. C'est aussi pour ce motif que le protecteur légal unique exemple de curatelle légitime, agnat ou gentil, était toujours pris dans la famille. C'est encore pour cela que dès les premiers symptômes de fureur l'agnat ou le gentil le plus proche pouvait prendre la direction de la personne du « *furiosus* » et l'administration de ses biens.

Ulpien lui-même nous permettrait de croire par l'assimilation constante dans ses écrits du « *rei furiosus* » au prodigue que la tutelle légitime du « *furiosus* » s'ouvrait au

---

1. *De verb. sign.* V° « *Nec.* »
2. T. 1, p. 109.
3. M. Accarias. *Précis de droit romain*, t. 1, n° 167.

seul cas où le « *furiosus* » avait reçu *ab intestat* l'héritage de son père ou d'un aïeul ; d'autant plus qu'il y avait lieu à la curatelle dative toutes les fois que le prodigue était affranchi ou ingénu mais institué par testament (1). Cette particularité explique bien mieux l'absence de toute formalité pour protéger les citoyens contre des interventions imprudentes ou inconsidérées dans les affaires d'autrui ou contre des prétentions d'un agnat à la curatelle légitime.

Tout autre est le point de vue auquel s'est placé le préteur. L'intérêt de la famille ne disparaît pas, mais l'intérêt de l'individu touche plus particulièrement le magistrat, il corrige et complète la loi fondamentale des XII Tables. Dans ce droit nouveau, le magistrat donne au furieux un curateur en connaissance de cause parce que souvent les agnats qui convoitaient le bien d'un proche, l'avaient prétendu furieux et sous ce prétexte s'étaient emparés de ses biens comme curateurs légitimes. En voici un curieux exemple dans Plaute (2). Une femme et son père traitent comme furieux Menœchmus Sosicles, d'ailleurs parfaitement raisonnable ; même le font emporter chez un médecin pour y être guéri, alors que Menœchmus est plus raisonnable que le médecin lui-même. Aussi pour empêcher qu'on abusât de la naïveté d'autrui le préteur promit d'admettre les agnats à la curatelle du furieux, mais toujours en connaissance de cause, c'est-à-dire quand il serait parfaitement

---

1. Ulp. Reg. XII, § 3.
2. Menœchm. Act. V, Sc. II, n° 75.

constant que celui-là était furieux dont ils demandaient la curatelle.

A la même époque les « *mente capti* » les sourds et muets, ceux qui souffraient d'une maladie incurable furent assimilés aux furieux (1). Les expressions employées pour qualifier l'aliénation mentale se multiplièrent, on appela ceux qui en étaient atteints « *furiosi, dementes, mente capti* ». Il ne paraît pas que la synonymie ait été complète entre ces expressions. Le « *furiosus* » était particulièrement celui dont les facultés intellectuelles troublées laissaient place à des retours plus ou moins prolongés de la raison. Au contraire, chez le « *demens* » ou le « *mente captus* » il y avait oblitération absolue de l'intelligence, c'est-à-dire imbécilité, ou idiotisme. Par suite l'incapacité était permanente et non intermittente. Mais il est extrèmement rare qu'il en soit résulté d'autres différences quant aux principes.

Dans le droit de Justinien les lois sur la curatelle des « *furiosi* » s'appliquèrent à tous les fous « *sui juris* » majeurs de vingt-cinq ans. Demeuraient en dehors de leur application : l'impubère soumis à la puissance paternelle, car cette puissance dispensant de rendre compte est plus complète que la tutelle et que la curatelle ; excluant la première elle écartait aussi la seconde (2). L'impubère en tutelle parce que la protection du tuteur est plus parfaite que celle du curateur. Enfin le mineur de vingt-cinq ans. Pour lui on

1. § 4, I. I, 23.
2. C. 7, pr. C. V, 70.

le traitait comme mineur et non comme fou. Des deux côtés il y avait ouverture d'une curatelle, mais le législateur
romain s'attachait de préférence aux causes naturelles lorsqu'elles concouraient avec une cause accidentelle pour rendre une personne incapable. Il en résultait que l'incapacité du fou, mineur de vingt-cinq ans, persistait pendant
les intervalles lucides, et que d'autre part, malgré la persistance de la fureur la curatelle cessait à la vingt-cin-
quième année accomplie du mineur (1).

La prodigalité a été dans bien des textes assimilée à la
folie : « le furieux ou celui à qui on a interdit ses biens n'a
pas de volonté (2). » Il est cependant entre la prodigalité et la
folie des différences de fait qui doivent entraîner des différences de droit. La folie est une infirmité qui a des causes
physiques tandis que la prodigalité est un vice moral. La
question de savoir si quelqu'un est atteint d'aliénation
mentale est une question de fait tandis que la question de
savoir si quelqu'un est prodigue ne peut être résolue par
un examen. C'est une affaire d'appréciation. Pour décider
que quelqu'un est un prodigue il faut une décision du magistrat et le prodigue n'est pas incapable par cela seul
qu'il est prodigue il est incapable parce qu'il a été interdit.
Paul nous a conservé la formule de l'interdiction prononcée
par le préteur. « Puisque vous dissipez vos biens paternels
et avitains par votre négligence et réduisez vos enfants à
l'indigence, pour cette cause je vous interdis ce bien et le

1. L. 3, pr. D. XXVI, 1 ; Demangeat, t. I, p. 387.
2. L. 40, D. L. 17.

commerce (1). Cette incapacité est permanente, elle commence le jour où l'interdiction a été prononcée et persiste jusqu'au moment où elle est levée. Elle est la conséquence d'une solution donnée à une question de droit et non à une question de fait.

A l'inverse le fou redevient capable au moment où il recouvre la raison. S'il passe par des intervalles de folie et de raison il y a succession de capacité et d'incapacité, l'état de droit succède donc à l'état de fait.

Le fou, dans ses intervalles lucides est considéré comme un homme qui a toujours joui de sa raison (2), le prodigue reste dans un état continuel d'incapacité jusqu'à la sentence du magistrat, nécessaire pour son interdiction (3). Cette interdiction correspond à une altération considérable de la capacité du prodigue, tandis que la folie est sans aucune espèce d'influence sur la capacité civile de celui qui est atteint. Du jour de l'interdiction la vie civile du prodigue est pour ainsi dire suspendue ; la constatation juridique de la folie, quand elle a lieu, n'emporte jamais pour l'avenir présomption légale d'incapacité pas même présomption susceptible d'être détruite par la preuve contraire. Le seul guide en cette matière est l'état mental du fou, ce n'est ni une formalité, ni une constatation. Une personne n'est pas incapable parce qu'un jour le magistrat a reconnu qu'elle était folle, ni parce qu'il lui a nommé un curateur. Il ne

1. § 7. Sent. III, 4.
2. § 1. J. II, 12.
3. § 2. J, II, 12.

suffit pas non plus qu'elle ait à un certain moment donné
des signes de fureur, et que ses agnats aient pris la direction de sa personne et l'administration de ses biens. La règle de droit commun d'après laquelle on est présumé sain
d'esprit jusqu'à preuve contraire conservait toute son éner-
gie. C'était toujours à celui qui attaquait un acte sous
prétexte de folie à établir l'existence de la folie au moment
de la confection de cet acte, c'est-à-dire que cet acte se trouvait exactement dans les mêmes conditions que s'il fût émané d'une personne parfaitement capable. Cependant il n'é-
tait pas nécessaire de donner une preuve directe et immédiate de la folie, il suffisait d'établir certains faits de nature
à rendre extrêmement probable l'existence de la folie au
moment de l'acte (1). L'existence de la folie pendant un
certain temps voisin de l'acte fait présumer son existence
au moment même de l'acte (2), et tel est le sens véritable
de cette pensée d'Alciat : « Les actes du « *furiosus* » sont
présumés faits plutôt pendant la fureur que pendant un
intervalle lucide. La preuve de la folie est d'abord à faire ;
une fois administrée, une preuve doit être faite pour la détruire.

L'incapacité civile du furieux n'étant en rien altérée,
toute latitude étant laissée à ce citoyen pour accomplir tous
les actes de la vie civile, l'absence de toute garantie de la
part de ses protuteurs subissait un tempérament et déli-

---

1. Voet. *ad Pandectas.*
2. Bartole. Glose de la loi 2, D. XXXVII. 3.

vrait l'incapable d'une grande partie des dangers auxquels
l'exposait la curatelle de ses agnats.

On ne peut pas, non plus, à un autre point de vue, assi-
miler complètement l'incapacité du prodigue à celle du fou.
Le fou est privé d'intelligence, le prodigue a conservé son
intelligence, aussi a-t-il une demi-capacité. Il en résulte
que le « *furiosus* » est absolument incapable « le *furiosus*
ne peut gérer aucune affaire parce qu'il ne comprend pas
ce qu'il fait (1). Il ne peut s'obliger ni par délit, ni par
contrat. Puisque le fou est absolument incapable, le curateur légitime a des droits très étendus. Gaïus nous dit qu'il
tenait lieu de maître et qu'il pouvait aliéner d'après la loi
des XII Tables les biens appartenant au « *furiosus* » :
« L'agnat curateur du « *furiosus* » peut aliéner le bien de
ce dernier d'après la loi des XII Tables (2). »

Le prodigue, au contraire, est comme le pupille qui a
plus de sept ans ; il a une demi-capacité. Il peut faire les
actes qui lui sont avantageux, et ne peut pas faire les actes
qui rendraient sa condition pire : « Celui à qui on a interdit ses biens, acquiert en stipulant à son profit ; mais ne
peut pas livrer ou être obligé en promettant ; et aussi un
fidéjusseur ne pourra pas intervenir pour lui, pas plus que
pour un « *furiosus* (3). »

Pendant le cours de ces modifications successives, la
marche des idées philosophiques avait précédé le progrès

1. § 8, I. III, 19.
2. § 64, Gaïus, II.
3. L. 6, D. XLV. 1.

des institutions. Le furieux était incapable de donner aucune direction à ses affaires. L'antiquité l'avait considéré comme un être frappé par une divinité supérieure ou possédé par un génie malfaisant.

Elle le soumettait au régime forcé des « *piationes* » cérémonies expiatoires. Cette croyance avait laissé des traces dans le langage lui-même. Un surnom tiré du plaisir qu'elle prend à troubler l'esprit des hommes avait été donné à la grande déesse « Cybebe Mater » d'un mot grec qui signifie folie. Le fou recevait une dénomination rappelant à quelle cause était attribué son mal « *furiosus, larvatus, cerritus* » frappé par les furies, par les mauvais génies, par Cérès. Laissant aux dieux la responsabilité de cet état contre lequel ils étaient impuissants, les législateurs ne s'occupaient que de prévenir les malheurs dont la folie dangereuse et intermittente menaçait les familles. Insensiblement se dégagea la véritable raison de modifier la capacité du furieux, l'absence d'intelligence et de volonté. Privé de l'une et de l'autre, le fou était, en fait, incapable de consentement, et le législateur devait lui interdire les actes nécessitant l'exercice de la libre volonté, mais lui permettre les autres. Elle était la règle dans le dernier état du droit romain. Nous allons parcourir les principales espèces, examinant successivement les droits relatifs aux personnes, et résultant du mariage, de la puissance paternelle ; puis les droits relatifs aux biens : à la propriété, aux contrats, aux universalités. Nous verrons enfin comment la législation romaine atténua les effets de la folie par l'institution des curateurs.

1. — *Mariage.*

Quand l'un des contractants est fou il ne peut être question de fiançailles (1). Elles exigent le consentement des personnes qui les contractent (2) et nous avons dit que les fous ne peuvent consentir.

Le même motif empêche encore de contracter mariage pendant une période de folie (3).

Quand les fiançailles ont eu lieu, ou quand le mariage a été contracté, si l'un des fiancés ou l'un des conjoints devient fou les fiançailles et le mariage vont-ils être dissous? Non, répond Gaïus (4). « La fureur survenant après les fiançailles ne les infirme pas. » Non, répond aussi Paul (5) « la fureur n'empêche pas le mariage régulièrement contracté. » Ulpien (6), supposant le cas où les deux conjoints deviendraient fous, décide aussi que le mariage est maintenu.

En résumé, au moment des fiançailles ou du mariage, la folie est un cas d'empêchement et de nullité ; survenant

1. L. 8. D. XXIII, 1.
2. L. 4. D. XXIII, 1.
3. L. 2. D. XXIII, 2.
4. L. 8. D. XXIII, 1.
5. L. 16 § 2, D. XXIII, 2.
6. L. 8, pr., D. I, 6.

après les fiançailles ou le mariage, elle n'est plus un cas
de nullité. Cependant il ne faudrait pas en conclure que
la folie n'avait aucune influence sur le mariage, et que le
conjoint d'une personne atteinte de folie était condamné à
vivre perpétuellement avec l'époux aliéné.

Les Romains à l'époque de la jurisprudence classique
(en cette matière il est indispensable de distinguer suivant
les périodes de la législation, sous peine de commettre des
erreurs) admirent une disposition qui contraste d'une manière fort heureuse, avec le despotisme ordinaire de leur
législation sur la famille. Si la folie était intermittente, ou
continue mais supportable pour ceux qui entouraient l'aliéné,
il n'y avait pas juste cause de divorce et le conjoint qui aurait envoyé le « *repudium* » était considéré comme ayant
rompu le mariage par sa faute, et devait en subir les conséquences. « Est-il, en effet, dit Ulpien à ce sujet, chose
plus humaine que la participation du mari ou de la femme
à la fortune de son conjoint (1). » Si, au contraire, la
folie est incurable, si elle menace la sécurité du conjoint et
rend impossible, la vie commune, l'autre époux peut invoquer la violence de la folie, s'il n'a pas d'enfant, le désir
de se créer une famille et envoyer le « *repudium*. » Le
mariage est alors dissous sans la faute d'aucun des époux
et le conjoint de l'aliéné n'encourt pas les peines pécuniaires portées contre ceux qui divorcent sans motif.

Sous l'influence de l'idée chrétienne du mariage indisso-
luble le nombre des causes de divorce parmi lesquelles

1. L. 22 § 7, D. **XXV**. 3.

nous pouvons citer les fonctions sacerdotales, la stérilité de la femme, la vieillesse, la mauvaise santé, le service militaire (1) mais d'ailleurs assez mal définies jusque là, se précise au Bas-Empire. Une constitution des empereurs Théodose II et Valentinien III limite expressément le nombre des justes causes de répudiation : c'était l'infamie, l'adultère, les violences, les injures graves (2). La folie n'y figure pas. Justinien (3) paraphrase cette constitution, mais ne parle pas de la folie, nous croyons pouvoir conclure qu'à cette époque elle n'était plus une cause de divorce.

A la fin du ixᵉ siècle cette législation fut une troisième fois modifiée par deux constitutions de Léon le Philosophe (4). La première est relative à la folie de la femme, la seconde à la folie du mari. L'infirmité du conjoint, si elle persiste trois ans, dans le premier cas, cinq ans dans le second, sans laisser apparaître aucun espoir de guérison, ne devient pas seulement une cause légitime de divorce, mais un motif nécessaire de dissolution du mariage. L'empereur considère que l'intérêt social exige la dissolution d'une union semblable, même si l'intérêt et l'affection font désirer au conjoint du feu la continuation de la vie commune. La règle ne subit même aucune modification dans le cas où le mari aurait usé de maléfice ou de dol pour

1. L. 60 § 1, l. 61, D. XXIV. 1.
2. L. 8, C. V, 17.
3. Nov. XXII et CXVII.
4. Léon. Nov. Const. CXI et CXII.

faire tomber sa femme en cet état. En ce dernier cas, le mari « transformé en moine, bon gré mal gré enfermé dans un monastère, devait expier son crime et être soumis au traitement de l'âme imposé par les sacrés canons. » Ces décisions furent confirmées par une constitution de l'empereur Nicéphore Boloniate, empereur d'Orient, de 1078 à 1081.

Telle est la condition faite par la folie au conjoint de l'aliéné ; voyons maintenant celle de l'aliéné lui-même. Nous aurons à considérer séparément si ie fou était « *sui juris* » ou bien, au contraire, s'il était « *alieni juris*. »

Nous avons dit que jusqu'à Théodose la folie ne dissolvait pas le mariage, mais que seulement, dans certaines conditions, elle pouvait être pour le conjoint un juste motif de répudiation : la condition du fou n'était donc pas changée.

Cependant, « parce qu'il n'a pas le sens », l'aliéné ne peut répudier son conjoint, ce qui supposerait l'exercice de la volonté ; d'autre part le droit de répudiation doit rester personnel et le curateur ne peut être maître d'en user : la folie enlevait donc à l'aliéné « *sui juris* » la faculté précieuse de divorcer (1).

Quand il était « *alieni juris* » le fou ne pouvait répudier, mais on sait que pendant de longues années, le père de famille conserva le droit de dissoudre à son gré le mariage de l'enfant soumis à sa puissance (2). Cette conséquence

1. L. 4, D. XXIV, 2 ; l. 22. § 7, D. XXIV, 3 ; l. 4, C. V, 70.
2. § 15, Paul, Sent. V, 6.

exorbitante de la puissance paternelle fut en principe sup-
primée par Antonin le Pieux ou peut-être par Marc-Aurèle (1). Le père conserva cependant cette faculté lorsqu' « intervenait une raison importante et juste à la fois. »
On y comprenait la folie (2).

Les mères n'eurent jamais ce pouvoir (3). L'intérêt du
père est nettement indiqué par Ulpien, la mauvaise administration du mari aurait pu compromettre la dot, le père
la ressaisissait. Le même jurisconsulte avait prévu un
péril plus grand encore lorsque la femme était *sui juris*
indépendante d'aucun père de famille, incapable de divorcer par elle-même ou par un curateur, la dot se trouvait
alors abandonnée à tous les caprices du mari. Voici le
texte : « Mais si la femme, en proie à la plus cruelle fureur,
le mari, par intérêt, ne veut pas dissoudre le mariage, s'il
méprise l'infortune de son épouse, s'il n'en a cure, s'il est
absolument certain qu'il ne lui procure pas les soins nécessaires ; que dans toute l'étendue des devoirs conjugaux,
il soit imposé au mari de supporter tout cet entretien de
la femme, de lui fournir les aliments, de contribuer à sa
guérison, et de ne rien omettre de ce que le mari doit fournir à son épouse dans les proportions de l'importance
de la dot. D'un autre côté, s'il est aussi bien établi
qu'il dissipera la dot comme ne le doit pas faire un homme
d'ordre ; alors mettre la dot sous séquestre dans la mesure

1. L. 5, C. V, 17.
2. L. 4, D. XXIV, 2 ; l. 22 § 9, D. XXIV, 3.
3. L. 4, C. V, 17.

où la femme et la famille en auront un soulagement convenable ; sans préjudice, toutefois, des pactes dotaux qui se sont formés entre les époux dès le commencement du mariage, et restent en l'état, en attendant la guérison ou la mort de l'époux. »

Sous Justinien ces mesures conservatoires n'eurent plus de raison d'être : la femme eut désormais une hypothèque privilégiée sur toutes les choses apportées en dot au mari, comme garantie du recouvrement de sa dot, et de plus, une action en revendication (1).

Parallèlement aux justes noces, il existait à Rome une union licite, mais inférieure et moins honorée : le concubinat. La condition essentielle de cette union paraît avoir été la cohabitation volontaire. L'union devait cesser par l'absence de volonté chez les concubins ; cependant, « par humanité, dit le texte, la folie de l'affranchie ne faisait pas cesser son union avec le patron (2).

II. — *Puissance paternelle.*

Une des conséquences les plus importantes du mariage est la puissance paternelle.

Toute puissance suppose nécessairement deux personnes en présence, un sujet actif qui l'exerce, un sujet passif qui la subit. Le père et le fils pouvaient l'un et l'autre être

1. L.30, C. V, 12 ; l. 12, C. VIII, 18.
2. L. 2, D. XXV, 7.

atteints d'aliénation mentale. Nous allons étudier successivement les conséquences juridiques de la folie du père,
puis de la folie du fils.

§ 1. — *Folie du père.*

La puissance du père de famille a son commencement,
sa durée, sa fin. Voyons les effets de la folie sur l'acquisition, l'exercice et la perte de cette puissance.

Acquisition. — On peut ranger en deux classes les modes d'acquisition de la puissance paternelle : le mode naturel, les justes noces, source de cette puissance sur les
enfants qui descendent réellement de nous et dès le moment de leur naissance ; les modes civils qui compren-
nent : la légitimation, manière d'obtenir après coup la puissance paternelle sur des enfants véritablement issus de
celui qui les légitime, mais nés « *sui juris* » ; l'acte solennel qui fait tomber un citoyen romain sous la puissance
d'un autre citoyen romain, établit entre eux les mêmes relations civiles qu'eût engendrées la procréation naturelle « *ex
justis nuptiis* » et s'appelle adrogation ou adoption, selon
que la personne sur laquelle s'établit la puissance nouvelle
est ou non « *sui juris* »

Appliquons ici notre règle : les actes pour lesquels le
consentement n'est pas requis, sont permis aux aliénés ;
ceux, au contraire, qui exigent une manifestation de volonté leur sont interdits.

Le mariage n'était dissous ni par la folie de l'un des époux, ni par celle de tous deux, l'enfant né ou conçu pendant la folie naissait donc de justes noces et tombait sous la puissance de son père insensé.

Aucun doute ne s'est élevé sur cette solution, mais faut-il dire que cela se passait « comme s'il demeurait dans le furieux un reste de volonté (1) ? » Nous devons écarter ce motif donné par Ulpien pour justifier sa solution. En effet, pour les Romains, la volonté atteinte c'était la volonté anéantie, et dans ce sens nous avons plusieurs textes. Nous rappellerons seulement ce que dit Africain : Le *furiosus* n'a pas de volonté (2). »

Restent les modes de la seconde classe : la légitimation, l'adrogation et l'adoption exigent toutes les trois une manifestation de la volonté dont les fous sont incapables.

Exercice. — « Quand le père est « *furiosus* » les enfants n'en sont pas moins sous la puissance de leur père. » C'est ainsi qu'Ulpien nous apprend que la folie n'empêchant point l'acquisition de la puissance paternelle, doit à plus forte raison laisser subsister cette puissance déjà établie. Ce jurisconsulte ajoute : « Personne ne peut cesser d'avoir en sa puissance ses enfants, si ces derniers n'en sont sortis par les voies ordinaires. » La folie n'étant pas un de ces moyens, laisse donc subsister la puissance paternelle avec toutes ses conséquences. C'est encore d'Ulpien que nous le tenons. « Voici à quel point le droit de

1. L. 8, D. 1, 6.
2. L. 47, D. XXIX, 2.

puissance est retenu par le père : il acquiert aussi l'émolu-
ment de ce que le fils a acquis (1). »

Pour que la folie laisse subsister la puissance paternelle
avec toutes ses conséquences il reste nécessaire que l'exercice de la puissance du père n'exige de la part de celui-ci
aucune manifestation de volonté. Citons un exemple : « il
ne peut y avoir de justes noces sans le consentement de
toutes les parties, ceux qui se marient et ceux sous la puissance desquels ils se trouvent (2). Si l'on s'en tenait à
cette règle il en résulterait l'impossibilité pour le fils ou la
fille de famille de jamais se marier parce que le fou est incapable de consentement.

Il y eut bientôt nécessité d'atténuer la rigueur de la loi.
Si un petit-fils, dit Ulpien, veut se marier, ayant un grand-
père furieux, en tous cas le consentement du père sera nécessaire ; mais si le père est furieux, l'aïeul sage, la volonté de l'aïeul suffit (3). » C'était une première déroga-
tion. Les principes auraient exigé à l'origine le double consentement du père et de l'aïeul. Dans ce cas où l'enfant a
plusieurs ascendants, l'intervention de l'un d'eux parut suffisamment garantir les intérêts de la famille et de la société. Reste l'hypothèse où, l'enfant n'a qu'un ascendant, et
encore, atteint de folie. Le droit de se marier aussi librement que si elles étaient « sui juris » fut reconnu de bonne
heure pour les filles. Il suffisait que le père ne fît point

1. L. 8, pr. et § 1, D. I, 6.
2. L. 5, D. XXIII, 2.
3. L. 9, D. XXIII, 2.

opposition à leur mariage. Cette union, en effet, ne pouvait jamais donner au chef de famille du côté de la fille, dans sa famille, des membres nouveaux ; mais quand il s'agissait du fils, les jurisconsultes étaient partagés parce que, tout enfant né du mariage du fils était pour le père un héritier sien et un agnat. Or aucun héritier n'entrait dans la famille à titre d'agnat sans la volonté du père (1). Les lois caducaires remplacèrent le consentement paternel par l'autorisation de l'empereur (2).

Puis Marc-Aurèle, dans une constitution rapportée par Ulpien dispensa de cette formalité les fils du « mente captus. » Les jurisconsultes ne s'accordèrent pas sur la portée de cette constitution. En effet, tantôt l'expression de « mente captus » désigne toute espèce de fous, tantôt, dans une acception plus étroite et plus exacte, elle ne s'applique pas au « furiosus » dont la démence est entrecoupée d'intervalles lucides. D'un autre côté, la pleine liberté est nécessaire aux enfants de celui qui ne revient jamais à la raison, tandis que les enfants du « furiosus » peuvent épier les intervalles lucides de leur père et dans ses retours passagers obtenir son consentement.

Justinien vint enfin trancher la question longtemps pendante et fit expressément appliquer au fils du « furiosus » la constitution de Marc-Aurèle. Ainsi disparut toute différence en cette matière entre les fils et les filles.

A l'époque où nous sommes arrivés, les enfants de l'aliéné

1. § 7, I, I, 11.
2. L. 19, D. XXIII, 2 ; l. 25, C. V, 4.

capables de se marier librement, peuvent encore, à leur guise, faire leurs pactes dotaux. « Les pactes qui ont pour objet la restitution de la dot, dit Javolenus, doivent se passer avec le concours de toute personne qui peut en exiger restitution : parce que celui qui n'est pas intervenu n'aurait aucun intérêt aux yeux de l'arbitre auquel le pacte est déféré (1). »

Paul faisait au cas de fureur du père une très large exception, il permettait alors, de faire avec les futurs époux seulement les pactes ayant la dot pour objet (2). Cette dot était fixée et fournie par le curateur du père de famille, et au nom de celui-ci. D'après Ulpien elle conservait le caractère profectice.

Les intérêts du père de famille cessaient d'être sauvegardés. Justinien institua un tribunal d'arbitrage pour fixer le montant de la dot ou de la donation « ante nuptias (3). »

Extinction. — L'adrogation, l'adoption (sous Justinien celle qui est faite par un ascendant), l'émancipation, et dans ¹ la *coemptio* la *datio in manum* de la *filiafamilias* sont des modes extinctifs de la puissance paternelle exigeant un acte de volonté, et par conséquent impossibles au père aliéné ; les autres modes d'extinction de la puissance paternelle ont leur effet malgré la folie du père, ce sont : la mort du père, celle du fils, la perte « *jure civili* » par le père ou le

1. L. 1 § 1, D. XXIII, 4.
2. L. 8, D. XXIII, 4.
3. L. 28, C. I, 4.

fils, de la liberté ou de la cité, certaines dignités, enfin, conférées à l'enfant.

§ 2. — *Folie du fils de famille.*

La folie du fils pouvait être pour le père la source d'un droit nouveau, celui de prendre l'administration des biens personnels de l'aliéné, de son pécule castrans et quasi castrans. Les autres droits du père étaient sensiblement modifiés : acquérir par l'intermédiaire de son fils lui était impossible toutes les fois qu'on exigeait la manifestation de la volonté de la part de ce dernier.

L'état du fils n'était pas changé en principe. Reste à savoir s'il était immobilisé par la folie, s'il ne pouvait être modifié par adoption, émancipation ou légitimation postérieure. Les textes sur ces points nous font absolument défaut ; cherchons notre solution dans l'application des principes.

Adoption. — « L'*in jure cessio* », précédée d'une ou de trois mancipations selon qu'il s'agissait d'une fille ou d'un fils, était la forme de l'adoption. Le rôle de l'adopté parait absolument passif : il est l'objet et non la partie du contrat. Cependant si son consentement exprès n'était pas nécessaire, il fallait au moins qu'il fût présent et ne contredît pas la volonté de son père (2). Cette règle fit admet-

1. L. 7, pr., Code V, 70.
2. L. 5, D. I, 7 ; L. 11, C. VIII, 48.

tre la possibil'té d'adopter un *infans* parce qu'à l'intelligence de l'*infans* il est suppléé par l'*auctoritas* du tuteur (1).
Le curateur du furieux n'a pas ce pouvoir, aussi, en l'absence de texte, nous croyons que la solution ne doit pas
être la même que pour l'*infans*. D'autant plus que nous
trouvons au Digeste un texte qui sans être directement relatif à la question nous dit que « le furieux est comme un
absent (2) ». Le sens de ce paragraphe est surtout significatif,
parce qu'il est précédé immédiatement de celui-ci : « Dans
les cas où il n'est pas besoin de la parole, mais de la présence, le muet, s'il a l'intelligence, peut passer pour répondre. De même le sourd; lui, en effet, peut aussi répondre ». Enfin s'il est des textes qui assimilent sur d'autres
points l'*infans* et le furieux, nous n'en avons pas trouvé
qui disent de l'*infans* que c'est un absent (3). Le fou et
l'*infans* ne doivent donc pas être assimilés en matière d'a-
doption.

Il suffisait, dans le droit de Justinien, que le père naturel ait déclaré sa volonté devant le magistrat, en présence
de l'adoptant et de l'adopté et que mention en ait été faite
dans les « *acta publica* ». La preuve en est dans cette expression que nous avons citée : « En présence de celui
qui est adopté, et sans opposition de lui (4). »

Emancipation. — La forme de l'émancipation est celle

<hr>

1. L. 32 § 2, D. XLI, 2.
2. L. 124, Dig. IV, 17.
3. L. 2 § 3, D. XXIX, 7; l. 1 § 3. D. XLI, 2.
4. L. 11, C. VIII, 48.

de l'adoption, mais l'« *in jure cessio* » est remplacée par l'affranchissement. La présence et le consentement tacite de l'émancipé sont encore requis (1). D'autre part, il résulte d'une constitution d'Anasthase, que le consentement du fils est expressément exigé « *apud acta* », sauf pour « l'*infans* », dit le texte. Le furieux n'y est pas compris. Il n'y a, du reste, pas les mêmes raisons que pour déclarer « l'*infans sui juris* » sans sa volonté.

Légitimation. — Nous pensons qu'il faut s'en tenir à ce que dit Modestin de la légitimation ; les enfants naturels ne peuvent, contre leur gré être ramenés sous la puissance paternelle (2). Or la volonté du fou exigerait qu'il fût présent et ne contredît pas. Justinien (3) établit pour la légitimation ce qu'il a déjà fait pour l'adoption « *apud acta* ». Dans cette hypothèse, le consentement devant être exprimé, il était impossible d'admettre que le fou pût être légitimé.

III. — *Tutelle et Curatelle.*

Une seconde conséquence du mariage et de la constitution de la famille romaine fut la protection des membres incapables de se protéger eux-mêmes, par ceux qui étaient en état de se suffire dans la famille. C'est la première forme des tutelles et des curatelles qui se générali-

1. § 5. Paul, Sent. II. 25.
2. L. 11, D. 1, 6.
3. Nov. LXXXIX, ch. XI.

sèrent ensuite et devinrent un devoir social de citoyen
à citoyen.

Les commentateurs et les jurisconsultes modernes ont
généralement divisé les tutelles en trois genres : tutelle
testamentaire, tutelle légitime, et celle qu'ils nomment dative, selon qu'elles sont données par testament, par la loi,
ou par le magistrat. Ces deux derniers modes sont seuls
applicables à la curatelle.

Le tuteur fou, dans l'impossibilité de gérer lui-même ses
propres affaires, ne pourra évidemment pas gérer celles
d'autrui. Mais une question plus délicate se posait : l'aliénation mentale était-elle une excuse perpétuelle ou temporaire ? L'incapacité du fou était-elle complète, irrévocable,
de nature à faire nommer immédiatement un autre tuteur
ou un autre curateur ; ou bien la nomination d'un tuteur
actuellement fou devait-elle être considérée comme valable
à partir du jour où la personne désignée revenait à la raison ? La validité de la désignation par testament avec la
mention « lorsque la fureur aura cessé » (1) ne faisait aucun doute. Cette condition pouvait-elle être suppléée ? Pour
répondre, nous croyons nécessaire de suivre l'ordre historique.

De très bonne heure, la folie fut considérée comme une
cause d'incapacité absolue. « De nombreux sénatusconsultes ont été faits, dit Paul, pour qu'en la place des tuteurs
furieux, muets ou sourds, d'autres tuteurs soient nom-

1. L. 10 § 3, D. XXVI, 2.

mès (1) ». « Le sénat a pensé, dit encore Gaïus (2), que si
le tuteur du pupille, sans tenir compte du sexe, est excusé
pour juste cause, à sa place un autre tuteur doit être donné
après que le premier perdra la tutelle. Proculus s'en tenait
aux termes rigoureux du testament et des sénatusconsultes.
Plus soucieux de faire produire effet aux dernières volontés
du père de famille, Pomponius déclarait la nomination valable, et la personne désignée tutrice dès qu'elle deviendrait
raisonnable. C'était un cas de tuteur désigné sous condition
suspensive. Jusqu'à l'évènement de la condition il n'y avait
point de tuteur testamentaire, mais le magistrat nommait
un tuteur intérimaire. La condition réalisée, le tuteur testamentaire entrait en charge, mais si la folie s'emparait de
nouveau de lui, en vertu des sénatusconsultes il y avait lieu
à son remplacement définitif. Paul et Ulpien préféraient
cette doctrine de l'incapacité absolue provenant de la folie
en matière de tutelle.

Postérieurement, sans doute, au livre 36 *ad Sabinum*
Modestin nous rapporte après Ulpien un rescrit d'Alexandre Sévère aux termes duquel la folie ne constituait plus
une cause d'excuse perpétuelle, mais seulement une cause
d'incapacité temporaire à laquelle on pourvoyait par l'ad-
jonction d'un curateur intérimaire (3). Ce rescrit se place
entre l'an 222, date de l'avénement d'Alexandre Sévère, et
l'an 230 où mourut Ulpien. En 247 nous trouvons une

1. L. 27, D. XXVI, 1.
2. § 182, Gaïus I.
3. L. 10 § 8; l. 12, pr. D. XXVII, 1.

constitution de Philippe l'Arabe, d'après laquelle l'aveugle, le sourd, le muet, le furieux, l'incurable, ont une excuse de la tutelle et de curatelle (1). L'assimilation de la folie aux autres incapacités paraît indiquer une abrogation de la constitution d'Alexandre Sévère et un retour aux sénatusconsultes avec la modification de Pomponius.

Justinien consacre ce système dans les Institutes (2). Ces faits ne nous expliquent pas pourquoi le texte abrogé de Modestin est resté au Digeste. Si la constitution de Sévère doit être restreinte aux furieux, nous nous heurtons à des difficultés de texte sans nous rendre compte de la constitution de Philippe l'Arabe. Il ne faut donc voir dans la conservation du texte de Modestin qu'une de ces négligences dont le Digeste contient plusieurs exemples.

En matière de tutelle légitime ou dative, il fallait distinguer si la folie était passagère ou incurable (3). Il y avait dans le premier cas une cause d'excuse, temporaire, nomination intérimaire d'un tuteur ou d'un curateur ; une fois guéri le tuteur recouvrait sa charge (4). Si la folie devenait perpétuelle on nommait un tuteur à la place du furieux (5). C'était, selon Cujas, contraire à la règle de droit qui défend de donner un second tuteur à celui qui déjà en a un. Car ceux qui sont excusés sont de plein droit tuteurs ; cepen-

---

1. L. un. C. V, 67.
2. § 2, J. I, 14.
3. L. un. C. V, 67.
4. L. 10 § 8, l. 12, D. XXVII, 1.
5. L. 17, D. XXVI, 1.

dant il est plus vraisemblable qu'ils cessent de l'être par excuse perpétuelle (1).

En principe la folie ne change pas la condition de la personne soumise à la curatelle. « Le pupille qui a un tuteur, dit Ulpien, et qui devient furieux, n'en continue pas moins d'être en tutelle ; Quintus Mucius était aussi de cet avis et Julien aussi ; dans notre droit point de curatelle si l'âge exige une tutelle. Si l'impubère a un tuteur, la circonstance qu'il devient fou ne le fait pas réduire en curatelle, s'il n'en a pas et devient fou, il pourra recevoir un tuteur parce qu'on considère la loi des XII Tables comme étrangère aux pupilles (2). » Puis pour les mineurs de vingt ans Ulpien dit encore : « Parce que sur la personne des pupilles nous n'admettons pas la curatelle des agnats, j'ai pensé que le furieux fût-il mineur de vingt-cinq ans, devait avoir un curateur, non comme furieux mais comme mineur, » « comme si l'empêchement provenait de l'âge ; et nous distinguerons ainsi celui que l'âge soumet à la tutelle ou à la curatelle et celui qui n'a pas besoin qu'on lui cherche un comme dément : aux termes d'un rescrit d'Antoine-le-Pieux il y a plutôt à s'occuper d'âge que de folie (3).

Les mineurs de vingt-cinq ans qui deviennent fous restent en curatelle quand ils y sont déjà, ils y rentrent quand ils n'y étaient pas.

1. Cujas, t. I, C. 1033, § 6, Inst. I, 22.
2. L. 3. pr. D. XXVI, 1.
3. L. 3. pr. D. XXVI, 1 ; l. 1, C. V, 70.

IV. — *Puissance dominicale.*

La folie du maître produisait sur la condition de l'esclave les deux effets suivants :

L'affranchissement devenait impossible au maître par l'intermédiaire de son esclave, et cela par « *a fortiori* » de ce qui se passait pour le fils (1).

En outre, l'esclave mis aux fers par un maître aliéné ne devenait pas déditice après son affranchissement, parce que la folie du maître donnait lieu à une présomption contre la justice de la peine infligée (2).

La folie de l'esclave constituait un vice rédhibitoire entachant la vente lorsque la folie « empêchait l'usage et les services attendus. » Ulpien examine dans quels cas elle donne lieu à l'action « *ex empto* (3). »

Selon le jurisconsulte Labéon, la folie de l'esclave ne mettait pas obstacle à son affranchissement (4).

EFFETS DE LA FOLIE RELATIVEMENT AUX BIENS

I. — *Conservation du patrimoine.*

Cicéron dit que les XII Tables empêchent le furieux d'être maître de ses biens. Il ne s'agit évidemment dans ce

1. L. 10, D, XL, 2.
2. § 7. Paul. Sent. IV, 12.
3. 1 § 8 et suiv. D. XXI, 1.
4. L. 26, D. XL, 1.

passage que de l'administration conférée aux agnats. Le droit de propriété persistait incontestablement chez le fou. Ulpien nous dit qu'il comprenait le « *dominium* » de ses biens (1). Il faut entendre par là ses droits personnels aussi bien que ses droits réels.

C'était une application du principe que la capacité des fous est celle des autres citoyens, sauf ce qui est relatif aux actes où l'expression de la volonté est nécessaire. La conservation des droits réels ou personnels ne l'exige pas en général.

En un seul cas la volonté a un grand rôle, c'est en matière de possession.

La possession s'acquiert et se conserve « *corpore et animo* », par la détention matérielle et l'intention de posséder. Elle disparaît avec l'un ou l'autre de ces éléments. Chez les personnes saines d'esprit dès que cesse l'intention de posséder, nous trouvons l'intention de ne pas posséder. Ces deux intentions sont solidaires. Il en résulte que la condition d'existence de la possession peut être tantôt l'intention de posséder, tantôt l'existence d'une intention contraire.

Supposons un possesseur qui devient fou et nous rencontrerons une difficulté. On ne peut dire ni si l'intention de posséder a disparu, ni si cette intention ne s'est pas montrée. Or la durée de la possession doit ou dépendre de la persistance de l'intention de posséder, et la possession disparaîtra quand l'intention aura disparu, la circonstance qu'elle aura

1. L. 20, D. 1, 5.

été remplacée par l'intention de ne pas posséder n'y change rien ; ou bien, la seule intention de ne pas posséder fait disparaître la possession sans considérer si l'intention de posséder a continué.

Le premier système fait cesser la possession où commence la folie ; le second empêche la possession de disparaître pendant la folie par défaut d'intention seulement. Proculus était de cette dernière opinion : celui qui conservait la possession d'un bois devenant furieux, d'après lui ne pouvait pendant sa fureur perdre la possession de ce bois (1).

Papinien préférait la première et n'admettait la solution de Proculus que par raison d'utilité, dans le but d'éviter que la maladie de l'esprit ne causât des dommages dans les biens. L'usucaption était donc concédée en toutes circonstances (2).

Quoi qu'il en soit du principe, la solution n'est pas contestée ; le fou conservait son patrimoine y compris la possession.

II. — *Modifications du patrimoine.*

Laissant de côté les actes des curateurs, nous considérons ici uniquement le fou agissant par lui-même, par ses enfants, et par ses esclaves. Nous savons, en effet, que relativement aux biens, les droits du père sont à peu près aussi étendus sur le fils que sur l'esclave. Le fils de famille

1. L. 27. D. XLI, 2.
2. L. 44, § 6, D. XLI, 3.

et l'esclave ne pouvaient rien avoir qui ne fût au père, rien acquérir que pour lui ne possédant leur pécule lui-même qu'au seul titre de précaire, jusqu'aux premiers empereurs. Nous nous demanderons dans quelle mesure le fou est capable d'acquérir ou d'aliéner des droits réels, de devenir créancier ou débiteur, nous chercherons comment s'appliquent nos deux principes : 1° les actes qui exigent une manifestation de la volonté sont impossibles au fou ; 2° les actes indépendants de cette faculté sont permis.

I. — *Acquisition et aliénation des droits réels à titre particulier.*

Paul dit : « La possession s'acquiert par la détention et l'intention (1) ». Il en résulte que le fou est incapable de commencer à posséder : car s'il peut avoir la détention matérielle, l'intention de posséder lui manque. « Le furieux, et le pupille sans l'*auctoritas* du tuteur, ne peuvent commencer à posséder, parce qu'ils n'ont pas l'idée de détenir, lors même que leur corps adhère la plus à l'objet : comme si l'on mettait une chose dans la main d'une personne endormie (2). »

Cependant nous savons que lorsqu'un père ou un maître confiait à son fils ou à son esclave l'administration d'un pécule, on présumait à ce père ou à ce maître l'intention légale d'acquérir tout ce qui composait ce pécule, le fou pou-

1. § 1, Paul, Sent. V, 2.
2. L. 1 § 3, D. XLI, 2.

vait dans ce cas acquérir la possession à titre de pécule (1).
Le père empruntait alors l'intention du fils ou de l'esclave (2), il n'avait donc même plus cette ressource quand
la personne « *alieni juris* » était atteinte de folie.

La perte d'un des éléments de la possession, détention
ou intention, entrainait la perte de la possession elle-même.
La perte de l'intention ne se peut produire au cas de folie, nous l'avons dit ; mais la détention perdue peut en-
trainer pour le fou la perte de la possession si le recours
aux interdits est devenu impossible (3).

L'occupation, l'accession (4), la tradition, la mancipation, l'usucapion, l'*in jure cessio*, l'adjudication, la loi
sont les huit modes par lesquels la propriété s'acquiert et
s'aliène à Rome. Trois de ces modes, l'occupation, la tradition, l'usucapion reposent sur la possession; nous n'a-
vons rien à ajouter aux solutions données à propos de
celle-ci. La « *cessio in jure* » et la mancipation exigent la
manifestation de la libre volonté des parties ; le fou en est
aussi incapable, et l'aliéné. ne pouvant ester en justice,
l'adjudication lui sera interdite.

Restent douteuse l'acquisition par l'accession et par la loi.
L'accession, mode spécial ou non, fait acquérir à l'insu de

1. L. 1 § 5, D. XLI, 2.
2. L. 3 § 12 ; 1. 44 § 1, D. XLI, 2.
3. L. 17, pr. D. XLI, 2.
4. Nous suivons l'opinion générale défendue par M. Ortolan, et selon laquelle
le propriétaire de la chose principale acquiert par le fait même ce qui vient à
titre accessoire s'ajouter à la chose.

la personne au profit de qui elle se produit. L'aliéné pouvait donc acquérir par cette voie.

La propriété s'acquérait par l'effet de la loi, dans tous
les cas où la cause d'acquisition n'avait pas été classée
comme mode d'acquérir distinct, mais cependant était reconnu par une loi ou par un pacte législatif équivalent (1).

Nous citerons comme exemples le legs *per vindicationem*
institué par la loi des XII Tables ; « *le caducum* » et
« *l'ereptorium* » sortis de la loi Papia Poppœa (2). Sous
Justinien, le legs transfère toujours la propriété sans distinction de formule. Il en était de même du fidéicommis,
mais pas de la donation à cause de mort (3).

L'acquisition par legs ou fidéicommis avait lieu par la
seule puissance de la loi, en dehors de toute manifestation de
la volonté de l'acquérir ; ce mode d'acquisition était donc
accessible à l'aliéné. Sous Justinien (4) le legs et le fidéicommis étaient remis au curateur. Les biens dont ils se
composaient faisaient retour à qui de droit, lorsque l'aliéné
revenu à la raison, ou après sa mort son héritier ne voulait pas accepter.

La donation est un contrat nécessitant un concours de
volonté, l'aliéné n'en ayant pas ne peut y figurer. Cependant, si étant sain d'esprit, il avait accepté une donation à
cause de mort à son profit. sa folie ne serait pas un obsta-

1. M. Accarias. *Précis de droit romain*, t. I, n° 249.
2. § 17, Ulp. Reg. XIX.
3. Ortolan, t. II, n° 563.
4. L. 7 §§ 7 et 8. C. V, 70.

cle à ce qu'au jour de la mort du donateur et par la seule force de la loi il devint propriétaire de la chose donnée.

L'acquisition des fruits par le possesseur de bonne foi est encore classée dans les modes d'acquérir par la force de la loi (1). La folie empêchant la possession de commencer empêche ses qualités et leurs conséquences de se produire pour la première fois ; mais en l'absence de textes les motifs qui ont fait décider la continuité de la possession militent encore à notre avis en faveur de la bonne foi continue. Les fruits ne cesseront donc pas d'être acquis par le possesseur de bonne foi devenu fou.

L'acquisition du trésor se dédouble quant au principe et les règles à lui appliquer seront celles de l'occupation pour l'inventeur, et de l'acquisition par l'effet de la loi pour le propriétaire du sol. Nous renvoyons à ces règles pour les solutions à donner (2).

Conservant avec leurs attributs la puissance paternelle et la puissance dominicale, le fou continuait de pouvoir acquérir la propriété par le fils de famille qu'il avait sous sa puissance, par les esclaves dont il avait la propriété, l'usufruit ou l'usage, enfin par les personnes libres ou les esclaves d'autrui qu'il possédait de bonne foi (3). Or tous ceux qui se trouvaient soumis à un père de famille lui acquéraient à tous les titres possibles, sans sa volonté, voire même contre son gré (4), parce qu'on ne pouvait avoir rien

1. Accarias, *Précis de droit romain*, I, nᵒˢ 249 et 250.
2. § 39, Inst. II, 1.
3. Pr. Inst. II, 9.
4. § 2, Inst. II, 9.

en propre lorsqu'on était placé sous la puissance d'autrui (1).
Le fou pouvait donc acquérir ainsi la propriété et les autres
droits réels.

Le fou pouvait aussi perdre ces droits.

La possession, d'abord qui ne pouvait être perdue par le
fou par défaut d'intention, cessait fort bien par abandon de
la détention matérielle de la chose. Par suite la propriété
elle-même pouvait être perdue si le nouveau possesseur se
trouvait dans des conditions qui lui permissent d'usu-
caper (2). Ajoutons qu'au dire de Paul (3) Labéon mettait
les furieux au nombre des personnes jouissant du bénéfice
de la « *restitutio in integrum.* »

L'accession se produisant sans faire intervenir la volonté
pouvait aussi bien dépouiller l'aliéné qu'elle avait servi à
l'enrichir ; mais le fou ne pouvait perdre la propriété, ni
par la mancipation, ni par l'*in jure cessio*, ni par l'adjudication. Il était encore hors d'état de léguer sa chose. La
tradition par lui faite ne le rendait pas propriétaire, parce que
l'*accipiens* eût-il été capable d'acquérir, le *tradens*, fou, ne
l'était certainement pas d'aliéner.

L'abandon de sa chose était également impossible au fou.
Il lui manquait, pour faire de son bien une *res nullius* et en
permettre l'usucapion, la possibilité de faire acte de volonté.

La plupart des modes d'acquisition de la propriété servent
encore à acquérir les droits réels, démembrement de la pro-

1. § 87, G. III.
2. L. 7 § 2, D. VI, 2 ; l. 13 § 1, D. XLI, 3 ; l. 2 § 16, D. XLI, 4.
3. L. 22, § 2, D. IV, 6.

priété. D'un autre côté presque toutes les causes qui font perdre la propriété, font aussi perdre ses démembrements. Telles sont pour l'usufruit : la mort, la destruction de la chose, la consolidation. Quant à la cession au nu-propriétaire elle est nécessairement impossible pour le fou. Les servitudes réelles au profit du fou pouvaient cesser par non usage, confusion, perte de l'un des fonds, jamais par la renonciation du fou au profit du propriétaire des fonds servants.

Capables d'acquérir au père des droits réels, le fils de famille et l'esclave ne pouvaient porter atteinte qu'aux droits réels compris dans le pécule ; toutefois certains auteurs admettent que la mort de l'esclave ou du fils de famille éteint l'usufruit légué *per vindicationem* à l'un ou à l'autre. Dans cette hypothèse ce droit eût été perdu par le fou.

ACQUISITION OU EXTINCTION DES CRÉANCES ET DES DETTES

Le fou peut-il devenir ou cesser d'être sujet actif ou passif d'une obligation, créancier ou débiteur.

Pour résoudre la première question, de savoir si le fou peut devenir créancier ou débiteur, il est nécessaire d'examiner les sources des obligations, et de rechercher si elles exigent de la part du créancier ou du débiteur une manifestation de la volonté.

Les obligations provenaient de quatre causes différentes :

les contrats (*re, verbis, litteris consensus*), et pactes ; les quasi-contrats les délits et quasi-délits (1).

Dans les contrats et les pactes l'accord des volontés est toujours l'élément essentiel de l'obligation, en dehors de toute formalité particulière. Le fou ne pourra donc par contrats ni par pactes se soumettre à une obligation ni acquérir une créance.

Voilà pour les contrats ; passons à la seconde source des obligations, les quasi-contrats.

Justinien, aux Institutes, en cite cinq principaux : la gestion d'affaires, la tutelle et la curatelle, l'indivision, l'acceptation d'hérédité, le paiement de l'indû (2).

Dans ces cinq hypothèses, lorsque la créance naît par suite du fait d'autrui, l'action est acquise au créancier indépendamment de toute intervention de sa volonté ; l'aliéné deviendra créancier (3).

A l'inverse, en vertu du quasi-contrat, le fou pourra se trouver obligé, et soumis à l'action résultant du quasi-contrat « *tutelæ* » ou « *negotiorum gestorum contraria* (3).

Supposons maintenant que le fou soit intervenu dans un quasi-contrat, pourra-t-il être obligé? A ce point de vue, les quasi-contrats se divisent en deux classes : ceux qui obligent par le fait même de la loi comme l'indivision, les rapports de l'héritier sien et nécessaire avec les légataires, la tutelle et la curatelle ; ceux, au contraire, qui obligent

1. § 2. Inst. III, 13.
2. Inst. III, 27.
3. L. 24. pr., et § 3, D. XLIV, 7.

en vertu d'un fait volontaire ; comme la gestion de l'intérêt d'autrui, l'acceptation du paiement de l'indû, l'adition d'hérédité. Si le quasi-contrat résulte d'un fait volontaire, de l'obligé direct, le fait du fou n'étant jamais volontaire ne saurait lui donner naissance ; l'obligation dérivant de la loi doit au contraire, en principe, s'imposer à toute personne (1).

C'est, sans aucun doute, ce qui aurait lieu pour la tutelle et la curatelle, si le fou pouvait être tuteur ou curateur ; mais par leur nature même ces fonctions lui sont inaccessibles.

Nous arrivons aux délits. Le fou pouvait par eux devenir créancier, mais pas s'obliger. « La créance naît au profit de la victime du fait lui-même du méfait » (2). Il n'est donc pas nécessaire que la partie lésée ait connaissance du délit. Or, « dans le cas où des actions nous sont acquises à notre insu, on commence à pouvoir agir au nom du furieux » (3). Il s'en suit que le furieux pouvait avoir l'action d'injure, car on peut éprouver une injure sans la sentir » (4). Il est même à remarquer que rendre une personne folle par un procédé quelconque donnait lieu à cette action » (5). De la sorte la folie même pouvait servir de base à l'action.

Supposons que le fou est lui-même auteur du délit. La responsabilité des actes est de l'essence même du délit,

1. L. 46, D. XLIV, 7 ; l. 29, pr. D. X, 3.
2. L. 4, D. XLIV, 7.
3. L. 24, pr. D. XLIV, 7.
4. L. 3 § 2, D. XLVII, 10.
5. L. 15, pr. D. XLVII, 10.

parce que le délit suppose la faute et le fou n'étant pas maître de son intelligence est incapable de faute. Il en résulte qu'il n'est pas soumis à l'action du délit, pas plus que « le quadrupède qui cause un dommage, pas plus que la tuile qui tombe d'un toit » (1). Les tiers pouvaient cependant obtenir une réparation, parce qu'il pouvait au moins y avoir faute des personnes chargées de garder le fou lorsque par négligence elles avaient laissé le fou exposé à des dangers trop grands, et causer la perte d'autrui (2).

Reste la quatrième et dernière source des obligations, le quasi délit. Quatre hypothèses se trouvent énumérées aux Instituts (3) : le juge fait le procès sien, une chose jetée ou répandue a causé un préjudice à autrui, un objet a été suspendu d'une manière dangereuse au-dessus de la voie publique ; un vol a été commis sur un navire, dans une auberge, ou dans une hôtellerie. Justinien nous apprend dans le même titre, que le fondement de l'action « *in factum* » en ces trois cas » est la faute où se trouve, jusqu'à un certain point, celui qui accepte les services de personnes malhonnêtes. » Le fou ne peut donc pas être obligé du chef des quasi délits dont il est l'auteur. S'il est victime, comme en matière de délits et pour les mêmes raisons, l'action est acquise indépendamment de toute manifestation de volonté.

En résumé le fou ne peut devenir ni créancier ni débiteur en vertu d'un contrat, il peut devenir créancier en vertu

1. L. 5 § 2, D. **IX**, 2.
2. L. 14, D. I. 18.
3. F. IV, 5.

d'un quasi-contral, d'un délit, d'un quasi-délit ; il ne peut être obligé que par quasi-contral.

Cependant l'aliéné pourrait, en fait, être dessaisi en faveur d'un tiers, avoir enrichi un tiers à ses dépens. Resté propriétiare, le fou pourra exercer une action en revendication, ou bien, s'il y a eu consommation, l'action « *ad exhibendum* » ou la « *condictio* (1). » En sens inverse, les mêmes actions s'exercent contre le fou qui se sera enrichi aux dépens d'un tiers, mais l'action personnelle sera limitée par l'enrichissement (2).

Le fils de famille et l'esclave peuvent acquérir au père de famille des créances (3) par contrat « *re, verbis* ou *consensu* », et par délits dont ils sont victimes ; mais il reste propriétaire de son pécule *castrans* ou *quasi-casrtans* et de tout se qu'il peut acquérir à leur occasion.

En contractant une obligation, le fils s'oblige lui-même et civilement, l'esclave ne s'oblige que naturellement (4). Toutefois par exception, les délits de l'un et de l'autre donnaient lieu à une action dont le père de famille ne pouvait s'affranchir que par l'abandon noxal jusqu'à Justinien (5). Plus tard le père de famille aliéné ou autre profita des actions « *de peculio* » *institoria, exercitoria, de in rem verso* » accordées par le préteur.

Nous voici amenés à examiner si le fou peut cesser d'ê-

---

1. § 3 I. II, 8 ; l. 12, D. XII, 1 ; l. 24, pr. D. XLIV, 7 ; Accarias, t. I, n° 292.
2. L. 22, l. 23, D. XII, 1 ; l. 17 §§ 4. 5. D. XIV, 3 ; Ortolan, t. III. n° 2218.
3. Pr. I. III, 28.
4. § 6, I. III, 19.
5. § 7, I. IV, 9.

tre créancier ou débiteur. Pour les modes d'extinction des obligations et pour les modes de création la règle est la même ; les seuls applicables aux créances et aux obligations du fou, sont ceux qui n'exigent aucune manifestation de volonté.

Le paiement, le mode le plus ordinaire, ne pouvait être employé par le fou personnellement. Payer c'est en effet aliéner la chose due, recevoir un paiement c'est aliéner la créance..Aliéner, la loi le défendait aux pupilles, et plus encore aux fous qui n'ont pas d'intelligence (1). Nous ajoutons : le paiement par un tiers libère le fou, parce que ce paiement a cet effet, qu'il ait été fait à la connaissance, à l'insu, et même contre le gré du débiteur (2).

Tous les modes de novation mettent en jeu la volonté des parties, les aliénés ne pourront donc se servir de ces modes pour éteindre leurs obligations actives et passives. Seule « l'*expromissio* » échappe à cette règle parce qu'un tiers pour s'obliger à la place du fou n'a pas besoin du consentement de celui-ci.

D'après Ulpien « rien de plus naturel que de délier de la même manière qu'on a lié, par paiement, acceptilation, consentement, écritures passées » (3). Le rôle nécessaire de la volonté dans ces modes, empêche le fou d'en profiter aussi bien pour éteindre les obligations que pour les créer.

Reste à parler de la perte de la chose due, de la con-

1. § 84. Gaïus, *Comment.* II ; § 2, Inst. VIII, 2.
2. Pr. Inst. III, 29.
3. L. 35, D. L, 17 ; §§ 173-175, Gaïus, III ; l. 100, D. L. 17.

fusion, du terme extinctif, de la compensation. Ces modes sont applicables à l'aliéné puisque leur effet se produit sans intervention de la volonté des parties. Notons encore que d'après le droit civil l'adrogation éteignait les créances de l'adrogé comme ses dettes (1), mais l'adrogation était impossible au fou parce qu'il était incapable d'avoir, et plus encore de déclarer expressément la volonté de se soumettre à l'adrogeant (2). Cet effet disparut quand le droit prétorien accorda des actions fictices (3).

Notre condition, dit Gaïus, peut s'améliorer, mais non pas se détériorer par les esclaves. Il résulte de ce texte que le fou peut par le fait de son fils ou de son esclave cesser d'être débiteur, mais pas d'être créancier.

Civilement, nous venons de le voir, le fou ne peut être obligé que dans un nombre d'hypothèses fort restreint, mais on s'est demandé si les actes de l'insensé, qui émanés d'une personne sensée auraient fait naître des obligations civiles, n'engendraient pas au moins des obligations naturelles.

La question étonne tout d'abord, les règles que nous avons posées semblent concluantes en faveur de la négative. En effet, l'acte n'a pu être passé que dans un intervalle de folie ou de lucidité. Dans ce dernier cas, le fou jouissait de toutes ses facultés et sa capacité était complète. S'il était, au contraire, sous l'influence de la folie, la dis-

1. § 84, Gaïus. III.
2. L. 5, D. I, 7.
3. L. 133, D. L. 17.

parition de sa volonté étant alors aussi complète que tout à l'heure sa capacité, nous ne trouvons pas place pour une obligation naturelle.

Ulpien nous fournit d'ailleurs un exemple à l'appui de cette doctrine. « Celui à qui on a interdit ses biens, dit-il, acquiert en stipulant, mais ne peut faire tradition ou être obligé par promesses, et par conséquent un fidéjusseur ne pourra pas plus intervenir pour lui que pour un furieux (1). » L'obligation du prodigue ou du fou qui ne peut donner lieu à fidéjussion n'est donc même pas une obligation naturelle. Et Gaïus est du même avis. « Si d'un furieux, vous avez stipulé, vous ne pouvez recevoir un fidéjusseur, cela est certain, parce que outre la nullité de la stipulation intervenue on admet que l'opération elle-même est nulle. Que si, pour un « *furiosus* » obligé légalement, j'accepte un fidéjusseur, le fidéjusseur est tenu (2). »

Le doute n'eût pas été possible sans un texte de Marcellus conservé par le même Ulpien : « Si quelqu'un, dit ce texte, s'est porté fidéjusseur pour un pupille sans autorisation de tuteur, ou pour un prodigue ou pour un fou, il faut décider qu'on ne viendra pas à son secours parce qu'il n'y a pas action de mandat contre ces personnes (3). » Ce texte a donné lieu dans les Basiliques à la paraphrase suivante : Celui qui s'est porté fidéjusseur pour un pupille obligé sans

1. L. 6, D. XLV, 1.
2. L. 70 § 45, D. XLVI, 1.
3. L. 25, D. XLVI, 1.

autorisation du tuteur, pour un prodigue, ou un fou, est
tenu, mais n'a pas contre eux l'action de mandat.

Voici diverses explications présentées. Dans une première
opinion le fou est valablement obligé par l'un des modes
que nous avons déterminés, le fidéjusseur ne peut se faire
restituer « *in integrum* » et d'ailleurs il n'y a pas l'action
mandati contraria et l'explication des deux textes contradictoires d'Ulpien se trouverait dans les deux espèces du
texte de Gaïus.

Le fidéjusseur aura certainement l'action du gérant d'affaires, dès lors on demande à Cujas et à Pothier l'utilité
pour le prodigue d'être plutôt protégé contre l'action de
mandat. D'ailleurs M. Demangeat remarque très judicieu-
sement le silence étrange de Marcellus sur la validité de
l'obligation du furieux.

Dans l'opinion d'Ortolan ce désaccord absolu entre les
deux textes d'Ulpien serait le signe d'une jurisprudence in-
certaine tendant plutôt à rejeter comme impossible l'obligation naturelle.

Nouet, Vinnius et Glück n'admettaient pas cette hésita-
tion. La distinction faite par Ulpien repose sur la connaissance où était le fidéjusseur de l'état de celui pour lequel
il s'oblige ; la fidéjussion est valable si le fidéjusseur savait
traiter avec un fou, nulle au cas contraire. Les textes étaient
ainsi conciliés, mais il fallait justifier la fidéjussion accessoire de l'obligation du fou ; les anciens romanistes avaient
imaginé que le fidéjusseur était une sorte de porté fort.

M. Machelard essaya de maintenir à la fidéjussion son

caractère accessoire pour ne pas la détruire. Selon lui, le mot « *furiosus* » conserve ici son sens technique, exclusif de toute folie permanente. Le furieux a des intervalles lucides, il peut contracter dans certaines dispositions de son esprit. S'il y a doute sur la réunion des conditions nécessaires, la possibilité de l'obligation est une base suffisante à l'engagement du fidéjusseur.

En principe, dans cette opinion, l'obligation du fou est nulle si le fidéjusseur n'a pas eu connaissance de la folie, nulle, si en ayant connaissance il traite pour un « *mente captus* » valable quant à la fidéjussion, si l'obligation principale émane d'un *furiosus*.

Rien ne justifie le recours à cette distinction entre les différents genres de folie presque complètement disparus des textes. Si la preuve de la folie au moment du contrat n'est pas faite, nous rentrons dans le droit commun, l'obligation est civile.

S'il est une solution possible à ce problème, nous pensons avec M. Demangeat que le mot fidéjusseur a dû être substitué par les rédacteurs du Digeste aux mots « *sponsor* » et « *fidepromissor*. » L'obligation serait principale et n'aurait aucun rapport avec la validité de l'engagement du fou. En effet, Gaïus nous le dit lui-même : « La condition du *sponsor* et du *fidepromissor* se ressemblent, celle du fidéjusseur diffère. Les premiers peuvent accéder aux obligations nulles qui ne sont pas « *verbis* », bien que quelquefois celui qui a promis n'ait pas été obligé, comme si une femme, un pupille, sans « l'*auctoritas* » du tuteur ou n'importe qui avait promis de donner après sa mort (1). »

DROITS RELATIFS AUX UNIVERSALITÉS

I. — *Acquisitions.*

Les universalités s'acquièrent soit à cause de mort, par successions testamentaires ou *ab intestat*, soit entre-vifs, par adrogation, *conventio in manum, addictio bonorum libertatis causa, in jure cessio.* Les modes entre-vifs exigent un acte de volonté qui les rend impossibles au fou. Il en était de même de la *bonorum venditio* où le fou était *bonorum emptor.*

HÉRÉDITÉS TESTAMENTAIRES OU AB INTESTAT.

Dans l'origine le droit d'être institué héritier par testament n'appartenait pas au fou. En effet tant que les XII Tables restèrent en usage les fous ne purent pas être institués parce qu'ils ne pouvaient figurer dans les comices. Bientôt le testament « *calatis comitiis* » fut remplacé par le testament « *per æs et libram* », simulacre de vente de la succesion qui exigeait la présence de l'héritier. Le furieux ne pouvait encore jouer le rôle obligé. Vint

1. §§ 118-119, Gaïus, III.

enfin le testament tripartite ; dès lors le fou put être désigné comme héritier et Pomponius a pu dire après Marcellus :
« Le furieux aussi a la *factio testamenti* », sans cependant pouvoir faire un testament ; mais la *factio testamenti*
en ce sens qu'il peut acquérir pour lui un legs, un fidéicommis, parce que même pour les personnes raisonnables les
actions personnelles sont acquises même quand elles
l'ignorent. »

Ce droit était pourtant singulièrement restreint. Marcellus
faisait en effet sur le livre unique des règles de Pomponius la remarque suivante : « Le furieux ne peut acquérir
pour lui-même le bénéfice d'une hérédité testamentaire s'il
n'est héritier nécessaire de son père ou de son maître. (1) »

Quant à la qualité d'héritier externe, il est inutile de
revenir sur l'impossibilité pour le fou de faire l'acceptation
solennelle avec les formes et les paroles consacrées dans le
délai légal de cent jours et qu'on appelait crétion. La crétion fut d'ailleurs abolie par Arcadius et Honorius. Même
l'adition par simple volonté ou encore par acte d'héritier
supposant nécessairement la volonté en jeu, le fou en est
incapable (2). Le curateur ne pouvait non plus, nous dit
Paul, faire cette adition pour le fou (3), et Marcellus expri-
mant la même opinion nous indique une différence d'avec
le tuteur du pupille. Nous croyons pouvoir la rattacher à
la théorie générale, en vertu de laquelle le curateur ne

1. L. 63, D. XXIX, 2.
2. L. 63, D. XXIX, 2.
3. L. 90, D. XXIX, 2.

pourrait procéder non plus à l'adoption, l'émancipation ou la légitimation du fou. Justinien fit plus tard de cette adition un devoir pour le curateur (1). Pour le tuteur la même règle se trouvait formulée dans une constitution de Théodose et Valentinien (2).

Les mêmes principes et les mêmes conséquences se retrouvent en matière de succession *ab intestat* : « Les héritiers siens, même à leur insu, deviennent héritiers ; donc les fous peuvent être héritiers, parce que les causes qui nous font acquérir à notre insu peuvent aussi faire acquérir aux fous (3) ». Or, « les héritiers siens doivent leur nom à ce qu'ils sont des héritiers de la maison, et que du vivant même du père, d'une certaine manière ils passent pour maîtres. On les appelle nécessaires parce que toujours, qu'ils le veulent ou non, qu'il n'y ait pas de testament ou qu'il y en ait un, ils deviennent héritiers (4). » Mais s'il faut une adition pour que l'hérédité soit recueillie (5), il sera nécessaire d'attendre un intervalle lucide ou la guérison du fou. Telle était dans la succession testamentaire et dans la succession *ab intestat*, la rigueur du droit civil.

Corrigeant et complétant le droit civil, le préteur avait imaginé une sorte d'hérédité sous le nom de « *bonorum possessio.* » L'hérédité prétorienne demandée en vertu de l'édit général du préteur était « *adictalis* », « *decretalis* »

1. L. 7 § 3, C. V, 70.
2. L. 18 § 2, C. VI, 30.
3. § 3, Inst. III, 1.
4. § 3, Inst. 2, 19.
5. L. 151, D. L. 16.

quand, au contraire, elle était accordée par une disposition expresse du magistrat après examen.

Jusqu'à Justinien, il fallait, pour acquérir la première, un droit déféré ; un intéressé instruit d'une façon certaine de sa vocation et du titre certain sur lequel elle se fondait (1), enfin une demande expresse (2). Elle était donc impossible au fou. Deux textes, l'un de Gaïus (3), l'autre d'Alexandre Sévère (4), semblent, au premier abord, contredire notre affirmation. Nous croyons, néanmoins avec Cujas (5), que ces textes se rapportent à un droit déféré avant la folie. Ce principe avait même été maintenu que la « bonorum possessio » ne pouvait être demandée au nom du fou par son curateur, même s'il avait eu connaissance de la vocation (6). On allait jusqu'à refuser la « bonorum possessio » au mandataire qui n'accomplissait son mandat qu'après la folie du mandant. Cependant, la demande une fois introduite, la survenance de la folie du mandant et même du mandataire, n'empêchait pas l'acquisition de la « bonorum possessio. » La dévolution de l'hérédité « jure civili » permettait au curateur du « furiosus », héritier nécessaire et bonorum possessor, d'agir au nom de celui-ci. Nous devons ajouter pour être complet, que pendant un intervalle lucide, ou revenu à la raison, le fou pouvait

1. L. 1 § 4, D. XXVII, 11 ; l. 2 § 3, D. XXVIII, 7.
2. Téoph. Paraph. du § 9, Inst. III, 9.
3. L. 11, D. XXVI, 8.
4. L. 1, C. VI, 16.
5. Cujas. T. VIII, c. 21 et 22.
6. L. 48, D. XXIX, 2.

Cousin   ᵢ

ratifier l'exécution du mandat dont il a été parlé plus haut : c'était alors une véritable gestion d'affaires. Il pouvait encore faire lui-même la demande, parce que la folie en suspendait les délais.

Il n'en était pas de même de la « *bonorum possessio decretalis*. » Elle pouvait être réclamée par le curateur du fou (1), elle lui permettait de prendre la jouissance des biens héréditaires en donnant caution, et de satisfaire aux demandes des légataires en exigeant caution. Cette situation provisoire permettait d'attendre le retour du fou à la raison. Quand ce retour avait lieu, le fou pouvait demander et se faire déférer la « *bonorum possessio edictalis* », ou s'il mourait avant de l'avoir fait, transmettre la « *bonorum possessio decretalis* » à ses héritiers (2). Cependant le fou pouvait mourir sans recouvrer sa raison, le substitué ou les héritiers qui suivaient le fou faisaient infirmer le décret du préteur, restituer par l'héritier du fou la succession ainsi possédée avec les fruits dont le fou avait tiré profit. C'est pour cette éventualité qu'avaient été fournies les deux cautions dont nous avons parlé. On tenait compte des dépenses faites par le furieux pour la conservation des biens héréditaires et les fruits aliénés pour les besoins du fou n'étaient pas restitués (3).

Le résultat était le même si le fou revenu à la raison répudiait la « *bonorum possessio*. »

1. L. 2 § 11, D. XXXVIII, 17 ; l. 48, § 1, D. XXXI, un.
2. Cujas, t. VIII, C. 22.
3. L. 51, pr. D. V, 3.

Les lois caducaires avaient apporté un adoucissement à ces règles. Le fisc était alors appelé à défaut des personnes ayant droit à la « *bonorum possessio edictalis*. » On préférait cependant au fisc certaines personnes au nombre desquelles était le fou. Le curateur pouvait alors demander la « *bonorum possessio decretalis* (1). » Faute par lui de ce faire, celui qui serait venu à la place de l'aliéné aurait pu la demander pour empêcher la déshérence, en donnant caution pour le cas éventuel où une restitution serait nécessaire. En effet, deux hypothèses se présentent : 1° l'institué mourait fou ou redevenu raisonnable était mort sans reconnaître l'hérédité ; 2° le furieux vivait encore, le substitué décédé, et cependant le furieux ne faisait pas obstacle aux autres héritiers si lui-même était mort avant d'acquérir l'hérédité (2).

D'après Justinien cette matière donna lieu à de graves controverses auxquelles il voulut mettre fin. Ce prince défendit au fou de faire adition d'hérédité ou de reconnaître une « *bonorum possessio* », mais il permit et ordonna au curateur, quand il y aurait utilité, de demander l'ancienne « *bonorum possessio ex decreto* », il permit aussi de se servir de toutes sortes de termes, de s'adresser à toutes espèces de magistrats, fussent-ils consuls (3) et de recevoir les biens échus à l'aliéné par succession, legs, fidéicommis et d'en faire inventaire.

1. L. 12, pr. D. XXXVII, 1.
2. L. 1, D. XXVII, 3.
3. L. 7 § 3, C. V, 70, 1. 9, C. VI, 9.

Dans ces conditions si le fou meurt sans recouvrer sa raison, les biens composant la succession devront faire retour au substitué, aux héritiers *ab intestat* ou au fisc. Si le fou revient à la santé, ou bien il répudiera la succession et cette répudiation produira tous les effets que nous avons signalés dans le cas où le fou meurt sans avoir recouvré sa raison, ou bien il en approuvera l'acquisition et le bien entrera ainsi et définitivement dans son patrimoine.

La satisdation et les cautions que le curateur du furieux était obligé de fournir pour assurer la restitution des hérédités futures furent aussi supprimées par Justinien.

Jusqu'ici le fou est appelé directement à l'hérédité ; il peut s'agir quelquefois d'une hérédité fidéicommissaire, ou bien d'une succession déférée au fils de famille ou à l'esclave. Le premier cas est spécialement prévu par Justinien : nous voulons, dit-il, qu'il soit permis même au tuteur seul de faire régulièrement au nom de la vocation qui a été laissée au pupille, restitution du fidéicommis : et la même règle s'applique quand une hérédité fidéicommissaire est due au furieux ; la restitution ne doit se faire qu'au curateur au nom du furieux (1). »

Un rescrit d'Antonin le Pieux prévoyait l'hypothèse dans laquelle le furieux était grevé de restitution. « Quand institué héritier un furieux est prié de restituer l'hérédité, Antonin le Pieux décide que son curateur, après avoir reçu

1. L. 7, C. VI, 49.

la *bonorum possessio secundum tabulas,* pouvait transférer les actions (1). »

Dans la seconde hypothèse s'agit-il d'un esclave, l'esclave, pour faire adition, devait avoir reçu l'ordre du maître (2) ; or un maître, après avoir donné à son esclave institué héritier ordre de faire adition, mais avant l'adition étant devenu fou, le jurisconsulte Africain rejette la validité de l'adition de l'esclave : parce que, sans la volonté du du maître, il ne peut être acquis d'hérédité ; or, le fou n'a pas de volonté,

Un fils était institué héritier et avait un père furieux, en puissance de qui il se trouvait. L'empereur Antonin le Pieux répondit qu'il faisait intervenir sa bienveillance pour que, si le fils de famille faisait adition, cette adition eût le même effet que celle du père et lui permit même d'affranchir les esclaves de l'hérédité (3).

En matière de *bonorum possessio* le consentement personnel de l'appelé « *alieni juris* » est requis par la loi, mais la demande est valable sans ordre préalable, il suffira qu'elle soit ratifiée par le père ou le maître à qui en reviendront l'avantage et les inconvénients.

Telles sont les circonstances dans lesquelles un fou peut acquérir une hérédité. Voyons rapidement de quelle manière il perdra sa qualité d'héritier.

L'héritier nécessaire ne peut renoncer à son titre d'après

1. L. 35, D. XXXVI, 1.
2. § 3, I. II, 9 ; l. 6, pr. ; l. 25, § 5. D. XXIX, 2
3. L. 52, D. XXIX, 2.

le droit civil ; mais une bonne administration exige que la
« *bonorum separatio* » soit demandée par son curateur
dans le droit prétorien.

L'héritier externe ne pouvait répudier l'hérédité qui ne
lui était pas déférée de plein droit. Ainsi en était-il d'une
façon générale de la *bonorum possessio*. Cependant, selon
Gaïus « si la *bonorum possessio* de l'édit appartenait à un
pupille ou à un furieux, pour abréger les affaires, il a plu
que pour la reconnaissance et la répudiation de la *bonorum
possessio* l'on considérât la volonté du tuteur et du curateur, qui, sans doute, s'ils font quelque chose contre l'intérêt du pupille ou des furieux seront soumis à l'action de
tutelle ou de curatelle. » D'après Cujas (1) il s'agissait
dans ce texte, en apparence contraire à notre doctrine, d'une
bonorum possessio déférée avant la folie.

Une autre explication a été essayée par le même com-
mentateur. « Ce qu'il dit du furieux à qui appartiendrait
la *bonorum possessio* est plus obscur ; il est vrai que ce
semble faux, pourtant cela se doit rapporter à certains cas
dans lesquels la *bonorum possessio* est quelquefois déférée
aux furieux, comme héritiers siens nécessaires, et par l'intermédiaire d'un autre comme par le fils de famille, ou l'esclave
pour reconnaître ou répudier cette *bonorum possessio* ; dans
ces cas on considère surtout la volonté et l'autorisation du
curateur. »

La *bonorum possessio decretalis* ne peut plus vraisem-
blablement être répudiée, dit Ulpien. Elle n'a en effet

1. T. 8, c. 21, 22, 201.

point encore été déférée avant le décret ; d'autre part, après le décret la répudiation est tardive, parce que chose acquise ne peut être répudiée (1).

TRANSMISSION DU PATRIMOINE.

Considérés au point de vue de celui dont le patrimoine est acquis, les modes d'acquisition que nous venons d'examiner sont les modes de transmission du patrimoine ; il nous reste maintenant à exposer les effets de la folie sur la dévolution *mortis causa* et entre-vifs.

La dévolution « *mortis causa* » s'opère par succession testamentaire ou *ab intestat*.

Le testament est essentiellement une déclaration de volonté (2) dont le fou à toute époque dut être considéré comme incapable. Il est d'ailleurs certain qu'il ne pouvait tester, n'ayant pas la « *factio testamenti* » active (3). D'un autre côté le fou dans l'ancien droit étant en fait incapable d'intervenir dans les comices ou dans une mancipation était par là même incapable de tester.

Cependant celui, qui au moment où il fait son testament a la jouissance et l'exercice du droit de le faire, dispose utilement s'il a conservé encore l'exercice de son droit au

1. L. L. 20 § 4, D. XXVIII, 1 ; § 6, Inst. II, 10.
2. § 1. Reg. 20 ; l. 1, Dig. XXVIII, 1.
3. L. 2. D. XXVIII. 1 ; l. 16 § 1, D. XXVIII, 1 ; l. 1, pr. D. XXXVIII, 16 ; l. 1 § 8, D. XXXVII. 11.

moment de la mort (1). Il en résultait que le testament
fait par le fou avant sa fureur produisait son effet (2).

Le testament fait par le fou dans un intervalle lucide
était encore valable parce qu'il recouvrait alors sa complète
capacité.

Le retour à la raison ne suffit pas pour donner au testament fait pendant la folie la validité qui lui manque ; aucun
laps de temps ne peut avoir cet effet (3).

A une certaine époque, en raison de la défaveur où
était à Rome la succession *ab intestat*, on appliquait aux
aliénés cette disposition précédemment spéciale aux impubères : la substitution qu'on appelle exemplaire ou quasi-
pupillaire. Elle permettait au père de faire en même temps
le testament de son fils et le sien. Cette faculté sollicitée
par le chef de famille individuellement, était accordée par
rescrit du prince (4). Justinien supprima la demande spéciale (5). La substitution tombait si l'enfant avait recouvré
la raison (6).

Lorsque le substituant avait des descendants le substitué
devait être un descendant du fou, à défaut un frère ou une
sœur ; à défaut de ceux-ci le choix était illimité.

La survenance d'un agnat héritier sien rompt la substitution, parce qu'il n'y a pas de différence entre le fils qui

1. § 1, l. II, 12; pr. l. II, 18; Ulp. Reg. 20, § 13; l. 9, C. VI, 22; Paul, § 5 ;
Dent. III, 4.
2. L. 20, § 4, D. XXVIII, 1; l. 1 § 9, D. XXXVII, 11.
3. L. 29, D. L, 17.
4. L. 43, pr. D. XXVIII, 6.
5. L. 9, C. VI, 26.
6. § 1, l. II, 16.

plus tard instituerait un héritier et celui qui par là vient
d'avoir un héritier sien.

La succession *ab intestat* du fou est dévolue d'après les
règles générales.

Entre-vifs les biens du fou ne pouvaient être transmis
par *conventio in manum* ni par adrogation, le fou ne pouvant y figurer ; mais ils pouvaient l'être par la « *bonorum venditio* ». Pourtant la « *missio in possessionem* »
n'avait lieu qu'après constatation par le préteur que le fou
demeurait « *indefensus.* »

LE CURATEUR

Les développements qui précèdent ont fait assez comprendre la nécessité pour le législateur de placer à côté de
l'aliéné une personne chargée de veiller sur lui, armée du
pouvoir de faire en son lieu et place les actes nécessaires à
la conservation, à l'administration et dans certains cas à la
disposition de ses biens. C'est par l'organisation de ce
pouvoir que nous allons terminer notre étude. Nous recher-
cherons successivement à quels fous étaient nommés les curateurs, par qui, et après quelles formalités ; nous verrons
enfin en quoi consiste l'administration du curateur et comment la curatelle prend fin.

1. L. 43. pr. D. XXVIII. 6.

I. — *A qui sont nommés les curateurs.*

Nous l'avons dit, les impubères fous n'ont pas besoin de curateurs, parce qu'ils ont un tuteur ; les personnes « *alieni juris* » n'ayant pas de biens n'ont pas besoin de curateur et à l'époque où elles furent propriétaires ou usufruitières de pécules l'administration en fut confiée à leur père.

Nous avons dit aussi pourquoi le législateur ne prenait en considération la folie que dans les cas où majeur de 25 ans le fou ne pouvait espérer une autre protection.

II. — *Par qui était déférée la curatelle.*

La curatelle des aliénés était établie par la loi des XII Tables et par les magistrats. La première, la curatelle légitime, était confiée aux agnats et aux gentils du furieux ; la seconde, la curatelle honoraire, était déférée par le préteur toutes les fois qu'on s'écartait des termes des XII Tables : quand l'aliéné n'était pas furieux, quand il n'avait pas d'agnats, quand le plus proche agnat s'était fait excuser ou destituer de la tutelle.

La curatelle ne pouvait être testamentaire, cependant plusieurs textes nous apprennent qu'on avait coutume de confirmer la nomination du curateur désigné par le père ou la mère (1) ; mais dans le dernier cas, une enquête préalable était nécessaire (2).

Aux termes des Instituts : « Les furieux et les prodigues, même majeurs de vingt-cinq ans, sont cependant en curatelle de leurs agnats, d'après la loi des XII Tables. Mais d'ordinaire à Rome le préfet de la ville ou le préteur, et dans les provinces les présidents leur donnent des curateurs après enquête (3). » M. Demangeat s'appuyant sur ce texte s'est cru fondé à soutenir qu'au temps de Justinien la curatelle des agnats avait disparu pour être définitivement supplantée par la curatelle honoraire. C'est aussi l'opinion de Cujas (4).

Nous préférons l'opinion contraire en faveur de laquelle nous trouvons une constitution de Justinien, antérieure de quelques années seulement aux Instituts (5), et qui parle en termes exprès de la curatelle légitime. D'ailleurs il ne faut pas séparer le texte cité par M. Demangeat du complément que lui a donné Théophile. « Ils sont en curatelle de leurs agnats par ordre de la loi des XII Tables », et plus loin, à propos des curateurs après enquête : « Quand il n'y a pas d'agnat ou que l'agnat n'est pas apte à l'administration. »

Nous avons peine à croire de la part des Romains à une

---

1. § 1, Inst. I, 23; l. 1 § 3. D. XXVI, 3; l. 16, pr. D. XXVII, 10.
2. L. 2 § 1, D. XXIII, 3.
3. § 3, Inst. I. 23.
4. Comment. d'Inst. I, 23.
5. L. 27, C. I, 4.

violation aussi flagrante de leurs Tables vénérées. Nous admettons plutôt que sans modifier, ni surtout abroger leur texte quasi-sacré, le préteur avait fini par exercer sur la curatelle légitime un contrôle et une surveillance à peu près absolus. Gaïus est formel sur ce point : « Souvent, d'après la loi des XII Tables, la curatelle du furieux ou du prodigue appartient à une personne et c'est à une autre que le préteur donne l'administration, dans le cas où le curateur légitime paraît inhabile à cette fonction. » Le curateur légitime existe toujours à côté du curateur honoraire, mais sa condition s'est rapprochée en ce que le curateur légitime ne peut plus se saisir de plein droit de l'administration des biens du fou ; mais doit se présenter devant les personnes chargées de la « creatio », du curateur honoraire et se faire investir.

III. — A qui la tutelle est déférée.

Les règles générales sur le choix des tuteurs et des curateurs étaient suivies dans notre matière. Tout citoyen majeur de vingt-cinq ans pouvait être appelé à la curatelle du fou. Les causes d'excuse, de destitution et d'exclusion s'appliquaient à ces curateurs.

En outre, nous devons signaler plusieurs particularités. Ulpien rappelle que Celse et d'autres jurisconsultes trouvaient inconvenant que le père fût placé sous la direction de son fils (1). Sans tenir compte de leurs scrupules un rescrit

1. L. 12 § 1, D. XXVI, 5 ; L. 1 § 1, D. XXVII, 10.

d'Antonin-le-Pieux disait que le fils présentant des garanties de moralité suffisante, doit être investi de la curatelle de son père par préférence à un étranger. La curatelle de la mère pouvait également être confiée à son fils, parce que, dit Ulpien, bien que l'autorité soit inégalement répartie entre le père et la mère, les enfants doivent avoir pour eux même tendresse et même respect (1).

Le mari ne pouvait être investi de la tutelle de sa femme. Le texte des Institutes ferait penser que le mariage n'était qu'une cause d'excuse (2). Mais Papinien (3) et l'empereur Alexandre (4) nous apprennent qu'il y avait défense expresse. La raison en était que le mariage est interdit entre le tuteur, le curateur, leur enfant d'une part et le pupille de l'autre avant la reddition des comptes de la tutelle ou une année écoulée depuis la majorité du pupille (5). Le fiancé ne pouvait être curateur de la fiancée, mais aucune condamnation pénale n'était portée contre lui s'il avait accepté cette fonction (6).

IV. — *Formalités de la nomination du curateur.*

La nomination du curateur entraînait trois formalités essentielles : la demande, l'enquête et la nomination.

1. L. 4, D. XXVII, 10.
2. § 19, Inst. I, 25.
3. L. 14, D. XXVII, 10.
4. L. 2, C. V, 34.
5. Lois 36, 59, 60, 62 § 2; l. 64, 66, pr. D. XXIII, 2; l. 7, **D. XLVIII, 5.**
6. L. 1 § 5, D. XXVII, 1.

Demander qu'un curateur fût nommé était en effet obligatoire pour quelques personnes, et facultatif pour d'autres.

Cette demande était obligatoire pour la mère, les enfants, les affranchis. D'après un rescrit d'Alexandre Sévère, la mère qui négligeait de remplir ce devoir perdait ses droits à l'hérédité de son fils (1). Le président infligeait une peine aux enfants qui d'ailleurs comme la mère encouraient l'exhérédation, et la succession était déférée à l'étranger qui après avoir averti les enfants s'était chargé de garder le fou et d'administrer ses biens (2). Les affranchis coupables de cette négligence envers leur patron encouraient une peine pour devoir non rempli « *obsequii deserti* (3). »

La demande était seulement facultative pour les parents, les alliés et les amis. C'est enfin au domicile d'origine ou d'habitation de l'aliéné, au lieu où il a son patrimoine, dans le lieu de la résidence s'il ne possède rien, que doit être formée la demande d'un curateur.

Le préteur devait ensuite procéder à une enquête sur la réalité de la folie. Le motif que nous en donne Ulpien est un peu singulier : « Le préteur devra veiller à ne donner à personne témérairement, sans la connaissance de cause la plus complète, un curateur, parce que la plupart simulent la fureur ou la démence pour mieux s'affranchir des charges

---

1. L. 2 § 1, 2, D. XXVI, 6.
2. § 12, Nov. CXV, ch. III.
3. L. 2, C. V, 31.

civiles en recevant un curateur (1). Il fallait que ces charges aient eu alors bien peu d'attraits.

Enfin avait lieu le choix et l'acceptation solennelle du curateur par le magistrat compétent. Dans l'origine, à Rome, ce magistrat était le préfet de la ville ou le préteur ; dans les provinces, le proconsul ou le président (2). Justinien fit procéder à la nomination du curateur, à Constantinople, par le préfet seul, si le fou n'était pas de noble extraction ; par le préfet assisté du sénat s'il était noble, et, dans les provinces, par le président assisté de l'évêque et de trois notables (3).

Toutes les fois que le curateur n'était pas désigné par la loi des XII Tables ou par le testament du père de famille, le magistrat chargé de pourvoir à la nomination d'un curateur devait faire une enquête sur la moralité de celui qu'il voulait nommer (4).

Le curateur choisi devait d'abord donner caution « *rem pupilli salvam fore* » dans la limite de ses ressources (5). On considérait cependant cette caution comme inutile lorsque la garantie présentée par la fortune du curateur était suffisante, pour celui qu'il avait désigné dans son testament.

Puis le curateur prêtait sur les Saintes-Écritures serment de tout faire régulièrement et dans l'intérêt du fou,

1. L. 6, D. XXVII, 10.
2. L. 1, D. XXVI. 5.
3. L. 27, C. I, 4 ; l. 7, §§ 5-6, C. V, 70.
4. L. 7, C. V, 70.
5. L. 7, 2, D. XXVII, 10.

de ne rien omettre d'utile à celui-ci, ni rien faire qu'il ne croirait pas utile au furieux. Il était dressé acte de ce serment, tous les curateurs le devaient et restaient obligés de rendre compte.

Inventaire devait ensuite être fait, par le curateur, des biens dont il allait prendre l'administration. Une hypothèque générale sur les biens du curateur en assurait la conservation.

V. — *Administration du curateur.*

Veiller sur la personne du fou, administrer ses biens tel est le double rôle assigné au curateur du fou par les XII Tables et par le jurisconsulte Julien (1).

Le curateur apportait son intelligence et ses soins à la personne en curatelle, en lui conservant ses habitudes de bien être, en cherchant les moyens de le guérir. Il fixe la quantité des dépenses en raison des ressources de l'aliéné, il se pourvoit auprès du magistrat pour obtenir du mari des soins convenables à donner à la femme et proportionnés à la dot (2).

Sur les biens de l'aliéné les pouvoirs du curateur sont très étendus.

Le curateur ne peut aliéner à titre gratuit le bien de son pupille ; cependant le juge pouvait en connaissance de

1. L. 7, pr. D. XXVII, 10.
2. L. 22 § 8, D, XXIV, 3.

cause permettre au curateur les libéralités dont le fou devait retirer un avantage important (1). Le curateur pouvait encore doter les enfants du fou pour les marier. Justinien exige pour cela la présence et l'avis du curateur, des principaux membres de la famille, du préfet de la ville à Constantinople, du président et de l'évêque dans les provinces et de la fixation par eux du chiffre de la dot et de la donation « ante nuptias ». Le tout sans frais (2).

L'aliénation à titre onéreux était aussi interdite au curateur. Un sénatusconsulte de Sévère et de Caracalla (3), applicable, dit Gordien (4), aux curateurs des fous leur interdisait la vente des immeubles sans autorisation du juge compétent. A défaut de cette autorisation, l'aliénation ou l'hypothèque étaient nulles de droit et ne donnaient contre l'aliéné ouverture qu'à l'action personnelle dans la limite de l'enrichissement par lui retiré. Le pupille avait même action en garantie contre son curateur lorsque la religion du magistrat avait été surprise (5). De même si le curateur qui vendait les biens avait omis de fournir caution, la vente était considérée comme nulle si les héritiers du fou exerçaient l'action en revendication. Cependant si le prix de vente avait profité au fou, désintéressé ses créanciers, les acquéreurs n'avaient aucune action à redouter et repoussaient la revendication par l'action de dol.

1. L. 17, D. 27, 10.
2. L. 28, C. 1, 4.
3. L. 8 § 1, D. 27, 9.
4. L. 2, C. 5, 70.
5. L. 5 §§ 14 et 15, D. 27, 9.

Cousin   5

Quand il s'agissait d'administration les pouvoirs du curateur étaient très larges. En ce sens il tient lieu de maître (1).
La chose volée au fou cesse donc d'être furtive en revenant
entre les mains du curateur. Parcourons les actes d'administration dont s'est surtout préoccupé le Digeste.

D'abord en matière extra judiciaire, le curateur peut
aliéner le mobilier dans les limites de son administration (2), il en a même le devoir si ces biens se détériorent
avec le temps (3). La conséquence de ce pouvoir d'aliéner
le mobilier est la possibilité de faire ou recevoir un paiement sans le concours d'un curateur (4) pourvu qu'il n'y
fasse point opposition formelle. Il peut faire dissoudre la
société dont le fou faisait partie (5) ; confier ou refuser à
l'esclave ou au fils de l'aliéné, l'administration de leur
pécule (6) ; acquérir au fou la possession (7), même la
propriété (8).

En matière d'actes judiciaires, l'exercice des actions du
fou lui appartient, comme demandeur ou défendeur (9). Il
doit poursuivre la révocation des actes antérieurs à sa nomination et préjudiciables à l'aliéné (10). Il peut déférer de

1. L. 7 § 3, D. 41, 4 ; l. 56, § 4, D. 47. 2.
2. L. 12, D. 27, 10.
3. L. 7 § 1, D. 20, 7.
4. L. 14, §§ 5, 7, 8, D. 46, 3.
5. L. 7, C. 4, 37.
6. L. 24, D. 15, 1.
7. L. 1 § 20, D. 41, 2.
8. L. 13 § 1, D. 41, 1.
9. L. 1 § 11, l. 2, D. 3, 1.
10. L. 3, C. 3, 70.

serment (1). Il interjette appel des jugements prononcés contre le fou dans un délai augmenté de trois jours parce qu'il appelle pour autrui (2).

Tant que duraient ses fonctions, l'action « *judicati* » pouvait l'atteindre à raison des jugements prononcés contre lui au nom du fou. Après la mort de celui-ci, Papinien et Antonin-le-Pieux décident qu'il est plus juste de ne donner l'action *judicati* que contre les héritiers de l'aliéné.

Il pouvait y avoir plusieurs curateurs (3). Les règles sont donc celles de la tutelle. Les actes faits par un seul sont valables, d'après Julien, le consentement des autres est présumé (4). Le veto de l'un ôte toute valeur aux paiements reçus aux ventes, traditions qui sont actes de fait. Quant aux actes solennels et légitimes, tous les curateurs doivent être présents (5).

IV. — *Fin de la curatelle.*

Dans le droit de Justinien, la curatelle cessait avec la folie (6) sans aucune formalité, intervention ou vérification du magistrat. Peu importait donc que la curatelle fût légitime. Mais les controverses commencèrent dès que la

1. L. 17 § 2, D. 12, 2.
2. L. 1 § 13, D. 49, 4.
3. L. 7 § 3, D. 27, 10.
4. L. 142, D. 50, 17.
5. Cujas, t. 6, C. 138.
6. L. 1, D. 27, 10.

curatelle dative lui fut substituée. Voulant épargner la mul-
tiplicité et le ridicule à la nomination du curateur, Justinien décida que la curatelle serait permanente. Les intervalles lucides ne firent plus que suspendre les fonctions du
curateur ; à la première reprise du mal il reparaissait de
nouveau et la guérison complète et certaine du fou mettait
seule fin à la curatelle (1). La mort du fou, celle du curateur continuèrent de faire cesser la curatelle. De même
l'exclusion ou la destitution du curateur. On procédait à
son remplacement dans les mêmes formes qui servaient à
la première nomination (2).

L'administration du curateur donnait lieu à des régle-
ments de compte lorsque la curatelle prenait fin ou était in-
terrompue par des intervalles lucides (3). L'action en gestion d'affaires était accordée à l'ancien curateur, à son
ancien pupille, ou à leurs héritiers : « *directa* » à l'ancien
pupille pour obtenir des comptes ; « *contraria* » à l'ancien
curateur en indemnité des avances ou impenses dans l'intérêt du fou. En outre l'aliéné avait pour le garantir des
suites d'une mauvaise administration, et sur tous les biens
du curateur, un privilège intransmissible aux héritiers du
fou, d'après Ulpien (4). L'action *ex stipulatu* était encore
accordée à l'aliéné contre les cautions du curateur et une
action subsidiaire contre le magistrat qui n'aurait pas exigé
caution, ou l'aurait exigée insuffisante.

1. L. 6. C. 70.
2. L. 7 § 10, C. 5, 70.
3. L. 1 § 3, D. 27, 3.
4. L. 19 § 1, D. 42, 5,

ANCIEN DROIT FRANÇAIS

Dans les provinces du midi de la France, l'influence du droit romain fit conserver la curatelle de l'aliéné. Dans les pays du nord, c'est-à-dire dans les pays de coutumes, on se contentait, nous dit Beaumanoir, de nommer au fou un défenseur pour soutenir devant la justice ses intérêts en litige. Cette mesure devint insuffisante et les jurisconsultes coutumiers du xiii* siècle empruntèrent au droit romain l'ensemble de nos institutions sur la matière en y faisant des modifications aussi importantes qu'inévitables. Pour les jurisconsultes romains, l'homme devait être considéré tantôt comme jouissant de sa raison, tantôt comme absolument privé de volonté, parce que pour lui le libre arbitre existait tout entier ou manquait absolument. Nos vieux jurisconsultes considéraient qu'à côté de la démence complète il pouvait y avoir des altérations plus ou moins graves de l'intelligence ; et que des personnes capables des actes ordinaires de la vie avaient une intelligence trop faible, une volonté trop peu énergique pour résister à la suggestion et à l'engouement. Considérer ces personnes comme absolument incapables eût été un excès de rigueur, on imagina de leur appliquer les dispositions concernant originairement les prodigues : on les obligea pour un certain nombre d'actes de s'éclairer des lumières d'un conseil. Le soin de déterminer ces actes était pour chaque espèce laissé à la sagesse du juge.

Pour ces personnes atteintes d'une aliénation complète, le droit coutumier conserva l'incapacité entière et la curatelle romaine ; mais l'interdiction fut dès ce moment prononcée en justice.

La distinction juridique entre les deux interdictions reposait sur les effets de la maladie plus ou moins violents selon les aliénés.

Que l'interdiction aboutit à la nomination d'un curateur ou d'un conseil, la procédure était la même. Le conjoint, tous les parents même collatéraux étaient admis à provoquer l'interdiction de leur parent aliéné. Quelques coutumes étendaient aussi ce droit aux créanciers de l'aliéné (1). Le mineur non émancipé devenant fou ne recevait pas de curateur spécial ; il était même d'usage après la majorité de confier à l'ancien tuteur la curatelle de l'aliéné (2).

La demande s'introduisait par requête au juge du domicile de celui dont on poursuivait l'interdiction. Les faits sur lesquels on s'appuyait s'y trouvaient exposés. Les parents invités à se réunir délibéraient et donnaient leur avis. Le juge devait alors procéder à l'interrogatoire de

---

1. Art. 506, Cout. du Maine ; art. 501, Cout. d'Anjou.
2 Arrêt du Parlement de Paris 1685.

l'aliéné (1). Le juge pouvait ordonner qu'il serait informé de la démence, tant par témoins que par visite de médecins et de chirurgiens.

Puis, « attendu, dit Denizart, qu'il n'est pas raisonnable qu'un seul homme décide de l'état d'un autre, le juge devait faire un rapport de l'affaire en chambre du conseil. Enfin la décision était prononcée dans les formes déterminées (2). Il était à peine de nullité et de tous dommages-intérêts défendu aux juges de statuer seuls et en leurs maisons. »

L'interdiction avec nomination d'un curateur n'étaient prononcées que si la folie présentait un caractère habituel. Un arrêt de la grande chambre du parlement (3) interdit, il est vrai, un homme dont la folie procédait par accès assez éloignés, mais Denizart ajoute « cela souffrit beaucoup de difficultés. »

Cette sentence recevait une certaine publicité. Au xvi° siècle elle était criée dans Paris. Plus tard, la jurisprudence du Châtelet procéda autrement. Les juges ordonnaient que la sentence serait signifiée aux notaires de Paris et que mention en serait faite dans un tableau. Des arrêts de réglement (4) rendirent les notaires pécuniairement responsables du préjudice que le défaut de publicité pouvait porter aux tiers.

La nomination d'un curateur dans les cas où l'interdic-

---

1. Art. 138 des arrêtés du président Lamoignon.
2. Dettres patentes données à Versailles le 25 mars 1769, enregistrés au Parlement le 19 janvier 1770.
3. 22 décembre 1762.
4. 1621 et 1633.

tion y aboutissait, se faisait par le juge sur l'avis des parents et des amis de l'aliéné : la curatelle légitime avait disparu. Les règles sur la capacité du curateur, les causes d'exclusion et d'excuse, étaient à peu près celles du droit romain. Cependant la prohibition faite au mari d'être curateur de sa femme ne s'y trouve plus. Domat persiste à la maintenir, mais Loysel, Louet et Denizart le contredisent formellement. La femme pouvait être aussi curatrice de son mari dément.

Les arrêts du XVe siècle nous offrent les premiers exemples d'une pratique nouvelle ; les juges pouvaient prononcer une demi-interdiction, nommer un conseil, interdire même quelquefois une seule espèce d'actes et appropriant la protection à l'état de chacun, « changer, comme dit Denizart, le remède suivant les circonstances. »

Le conseil n'avait aucune espèce de droit d'administration, il devait simplement autoriser, lorsqu'il le jugeait à propos, les actes spécialement désignés que le demi-interdit n'avait plus le droit de faire seul.

Le curateur avait la garde de la personne et l'administration du patrimoine. Pothier est fort précis (1). « L'interdit pour cause de démence, ne pouvant se gouverner non plus que ses biens, le pouvoir et les obligations de son curateur s'étendent à sa personne et à ses biens. Ce curateur peut le retenir auprès de lui, ou le mettre en pension dans telle ou telle maison honnête qu'il jugera à propos. Que si la démence va jusqu'à la fureur et

1. Pothier. *Traité des personnes*, tit. 6, sect. 5.

ne permet pas qu'il soit laissé en liberté, il peut, et même
il doit se pourvoir devant le juge qui, sur l'avis de la famille après qu'il aura été informé de la fureur ordonnera
qu'il sera enfermé dans une maison de force. »

A l'égard des biens les fonctions du curateur ressemblent
beaucoup à celles du tuteur. Le curateur, lui, aussi présentait une caution, prêtait serment, faisait inventaire. On lui
adjoignait quelquefois une commission consultative com-
posée de magistrats et d'hommes de loi désignés par la
famille, qui devait prendre toutes les décisions. Il était
encore d'usage, à défaut d'un pareil conseil, que les
parents du fou, assemblés devant le juge, fussent con-
sultés par le curateur lorsqu'il s'agissait d'actes très graves
pouvant entraîner une sérieuse responsabilité, comme la
répudiation d'une succession.

On le voit, la question de fait cessait d'être perpétuellement posée, l'administration du curateur était nettement
définie par le droit coutumier ; la date du jugement pro-
nonçant l'interdiction était seule importante à connaître,
les pouvoirs du curateur étaient invariablement fixés dès ce
moment, ils duraient sans s'interrompre ni se modifier jusqu'au jour où la main-levée de l'interdiction venait y mettre fin.

Pour faire lever l'interdiction les formes étaient les mêmes
que pour la faire prononcer : requête au juge par l'interdit
ou l'un de ses parents, interrogatoire et enquête assurant
au juge que le malade a recouvré la raison.

Lorsque le curateur venait à mourir sans que la famille

de l'interdit en fit nommer un second, la guérison se présumait et l'interdiction cessait de plein droit.

La fin de l'interdiction donnait ouverture à la reddition des comptes de curatelle. Ces comptes étaient rendus à l'aliéné ou à ses héritiers. Une hypothèque générale sur les biens du curateur garantissait l'aliéné contre les suites d'une mauvaise gestion ; mais le curateur avait une action pour le paiement de ses avances et de ses déboursés.

De même que l'insensé, nous dit Ricard (1), est interdit de plein droit, et sans le secours des magistrats, dès l'heure que la raison est éclipsée ; de même, aussitôt qu'il a recouvré son bon sens, il purge l'incapacité qu'il avait contractée sans qu'il ait besoin du décret du juge, quoiqu'il eût interposé son autorité lors de la démence. en lui donnant un curateur. D'autant que ce n'est pas l'établissement de la curatelle qui opère en ce cas l'interdiction ; ce n'est là qu'un secours donné à l'insensé pour l'assister durant le temps de sa faiblesse, et qui doit conséquemment demeurer sans effet aussitôt que la cause a cessé. Et même bien davantage les lois ont voulu que, si la démence n'est point continue, les testaments et les autres actes qui se trouvent faits pendant les bons intervalles, soient exécutés, et que l'autorité des curateurs qui avaient été nommés demeure en suspens pour reprendre sa force suivant les intervalles moins heureux..... » Reproduction pure et simple du système romain, adopté sans doute durant les premiers siècles, ce droit était encore, au dernier état de notre ancien

1. Première partie, ch. 3, sect. 3, nº 147.

droit français, en vigueur dans les pays de droit écrit ; les pays de coutumes l'avaient complètement abandonné.

Les provinces du midi elles-mêmes admettaient que l'interdiction créait à elle seule une présomption « *juris tantum* » de folie et la constatation des intervalles lucides fut plus ou moins sévèrement réglementée.

Dans les pays de coutume et dans le ressort du parlement de Paris, les difficultés se hérissaient autour de la preuve de l'intervalle lucide et en amenèrent peu à peu la suppression. L'interdiction devint comme une incapacité purement civile parfaitement distincte de l'incapacité naturelle. Celle-ci pouvait bien disparaître par l'arrivée d'un intervalle lucide mais cet état devait être impuissant à faire disparaître l'interdiction prononcée par le juge. Un arrêt de 1768 consacra définitivement cette jurisprudence, et Ferrières disait que l'interdit restait dans ses biens tant qu'il n'était pas relevé de son interdiction. La demande en nullité s'appuyant sur un vice de l'acte, l'incapacité de son auteur, et non l'inexistence de l'acte en raison de la folie, l'interdit qui malgré son interdiction avait passé un acte, pouvait en demander la nullité sans que l'adversaire pût la faire rejeter en établissant l'existence d'un intervalle lucide.

Quant aux actes passés antérieurement à l'interdiction la preuve de la folie devait être fournie par la personne qui attaquait l'acte, encore cette preuve n'était-elle pas très facilement accordée. La présomption était plus facilement admise dans les cas où l'acte était d'une époque rapprochée du jugement d'interdiction.

Enfin lorsqu'une personne était décédée sans que l'interdiction ait été prononcée contre elle, la preuve de sa folie
était très difficilement admise. « En effet, dit Denizart, il
est d'un si grand intérêt pour une famille d'ôter la faculté
de disposer à celui qui par l'égarement de son esprit ne
peut qu'en abuser, qu'on regarde comme un témoignage
non-suspect celui de tous les parents qui l'ont laissé en
possession de son état. »

DROIT FRANÇAIS

Nous avons vu la législation romaine se modeler sur les formes capricieuse de la folie, et s'en rapporter le plus souvent au fait plutôt que s'exposer à méconnaître en certaines circonstances l'exercice légitime de la volonté. Dans la jurisprudence coutumière, s'est établie une présomption d'incapacité mitigée par l'admissibilité de la preuve contraire. Notre droit intermédiaire si fécond en innovations n'a pas un texte pour réglementer la situation juridique des aliénés. Il nous faut arriver à la rédaction du Code civil pour avoir un système de législation uniforme et un titre spécial, le onzième du livre premier, créant à l'aliéné une situation légale. L'aliénation mentale y est envisagée de la même manière que dans notre ancienne jurisprudence. A côté de l'incapacité naturelle nous rencontrons l'incapacité civile indépendante, nous avons deux degrés dans la folie comme dans l'interdiction, mais dans tous les cas, c'est la loi et non le juge qui détermine les actes interdits. Cependant, la question morale et humanitaire était restée de côté, la création d'établissements destinés au traitement de l'aliénation mentale, l'amélioration du sort des aliénés, la

condition juridique des malades placés dans ces établissements, mais non interdits furent l'objet d'une loi d'une
importance incontestable : la loi du 30 juin 1838.

Nous arrivons ainsi au détail de la législation du Code
civil.

Un principe nécessaire, et qui se trouve dans tous les
Codes, est celui que l'on formule ainsi : la capacité est la
règle, l'incapacité l'exception.

De là résulte une double conséquence. C'est d'abord que
parmi les personnes, celles-là seulement sont incapables
qui ont été déclarées telles par un texte formel : « Toute
personne peut contracter, dit l'article 1123 C. civ., si elle
n'en est pas déclarée incapable par la loi. » C'est ensuite
que ces personnes ne doivent être considérées comme incapables que des actes qui leur sont interdits : « dans les
cas exprimés par la loi » article 1124. En d'autres termes,
il faut entendre limitativement et restrictivement les articles
du Code qui établissent des incapacités, soit au point de
vue des personnes, soit au point de vue des actes juridiques. Dans notre droit, les personnes atteintes d'aliénation
mentale seront incapables, dans trois hypothèses : quand
elles auront été interdites judiciairement, article 1124 ;
quand elles auront été pourvues d'un conseil judiciaire,
articles 499 et 513 ; et quand elles auront été placées dans
un établissement d'aliénés (l. 30 juin 1838, art. 39).
Nous ne trouvons en dehors de cette énumération aucune
autre incapacité.

CHAPITRE I

L'interdiction est la défense faite à une personne d'exercer elle-même ses droits, d'administrer elle-même sa personne et ses biens.

L'interdiction qui fait l'objet de ce chapitre nécessite à son point de départ un jugement particulier qui la fait appeler « judiciaire. »

Sans oublier que nous parlons uniquement des incapacités qui résultent de la folie pour celui qui en est atteint, nous aurons à parler successivement des causes pour lesquelles l'interdiction peut être prononcée, des personnes par qui elle peut être provoquée, de la procédure à suivre pour l'obtenir, puis il nous faudra rechercher les effets de l'interdiction et les causes qui y mettent fin.

Les limites de notre sujet nous empêcheront donc de traiter dans tous leurs détails chacun de ces paragraphes.

§ 1. — *Causes d'interdiction*

Privant la personne qui en est frappée de l'administration de ses biens, lui enlevant la liberté de sa personne, lui imprimant une sorte d'humiliation et de déconsidération

dont le plus souvent la famille est aussi atteinte, l'interdiction ne doit être prononcée qu'en cas d'absolue nécessité et,
nous le répétons, pour les seules causes déterminées par la
loi.

A vrai dire l'absence de raison et du libre arbitre, résultant de l'état des facultés mentales, est la seule cause d'interdiction. Seulement les rédacteurs du Code civil ont cru
pouvoir qualifier les symptômes et les caractères variables
sous lesquels cet état se produit par l'article 489. « Le majeur qui est dans un état habituel d'imbécillité, de démence
ou de fureur doit être interdit, même lorsque cet état présent des intervalles lucides, » et le tribun Tarrible para-
phrasait cette disposition du Code dans les termes suivants.
« L'imbécillité est une faiblesse d'esprit causée par l'absence ou l'oblitération des idées. La démence est une aliénation qui ôte à celui qui en est atteint l'usage de sa raison. La fureur n'est qu'une démence portée à un plus haut
degré, qui pousse le furieux à des mouvements dangereux
pour lui-même et pour les autres. L'homme dans ces trois
états est privé de la faculté de comparer et de juger. L'imbécile ne le peut parce que son esprit incapable de recevoir
ou de retenir des perceptions n'a aucun objet de comparai-
son. L'insensé, le furieux, ne le peuvent pas non plus,
parce que les objets ne se présentent souvent à leur esprit
que sous des formes fantastiques éloignées de la réalité. Du
défaut de cette faculté dérivent d'un côté l'impuissance
d'administrer, d'agir, d'exprimer une volonté éclairée sur
les choses qui les intéressent ; et de l'autre la nécessité de

remettre à un tuteur le gouvernement de leur personne et de leurs biens. »

Cette nomenclature est incomplète et manque d'exactitude; cela ressort avec évidence des travaux de Pinel, d'Esquirol et de Castelnau.

Quoi qu'il en soit, les rédacteurs du Code qui n'étaient pas des physiologistes sont parfaitement excusables de n'avoir pas défini avec une précision rigoureusement scientifique les différentes variétés des maladies mentales. Les expressions un peu vagues sont plus intelligibles et laissent ouvert, suivant les circonstances, le champ des interprétations et de l'extension. Mais le but est atteint ; l'intérêt privé de la personne aliénée et de sa famille, l'intérêt public de la société menacée par le fou dangereux sont satisfaits.

Pour le jurisconsulte, il ne s'agit pas d'apprécier à son point de vue les raisonnements, les systèmes de la psychologie et de la médecine, de rechercher plus ou moins scientifiquement l'influence de telle ou telle lésion cérébrale sur les facultés de l'homme en général, mais de savoir, en fait, si la personne à interdire conserve encore une entente suffisante des affaires de la vie civile et le discernement nécessaire pour diriger son patrimoine avec intelligence. La Cour de cassation elle-même a déclaré qu'il ne peut lui être permis, qu'il ne lui est pas possible, à défaut des principes qui composent la procédure. d'examiner le mérite des preuves, mais qu'elle a le droit et le devoir, d'apprécier les circonstances légales des faits que la Cour royale, pronon-

Cousin　　　　　　　　　　　　　6

çant comme jury, a déclaré constants, et l'application de la loi à ces faits (1). »

La loi exige que l'aliénation mentale soit habituelle, c'est-à-dire l'état le plus fréquent, le plus ordinaire de la personne dont l'interdiction est demandée. L'article 489 est formel sur ce point, et cette idée n'avait pas passé inaperçue aux yeux du législateur lui-même. Voici comment M. Emmery s'en expliquait dans son *Exposé des motifs* au Corps législatif. « Ce n'est pas sur quelques actes isolés qu'on s'avisera jamais de décider qu'un homme a perdu le sens ou la raison ; telle est la triste condition de l'humanité que le plus sage n'est pas exempt d'erreur. Mais lorsque la raison n'est plus qu'un accident dans la vie de l'homme, lorsqu'elle ne s'y laisse apercevoir que de loin en loin, tandis que les paroles et les actions de tous les jours sont les paroles et les actions d'un insensé, on peut dire qu'il existe un état habituel de démence, c'est alors le cas de l'interdiction (2). » C'est dire que la démence légale est différente de la démence de fait qui ne donne pas lieu à l'interdiction, et dont ne s'occupe pas le titre de l'interdiction. Mais il n'est pas non plus essentiel que la maladie soit permanente et continue ; le même article ne veut pas qu'il soit tenu compte des intervalles lucides. En droit romain, les intermittences sont une source constante de contestation. En droit français, des questions de fait souvent fort difficiles à résoudre auraient à tout moment entravé les af-

1. Arrêt du 6 décembre 1831. S. 1832, I, 210.
2. Art. 39, titre X du projet. — Fenet, t. I, p. 96.

faires et exposé l'aliéné à toutes sortes de fraudes et de dangers. L'unique moyen de sauvegarder ses intérêts était de le priver de l'exercice de ses droits même pendant les intervalles lucides.

Tout aliéné dans l'état que nous venons de décrire « *doit être interdit.* » Quel est le sens de cette obligation ? S'agit-il d'un aliéné dans un état habituel de fureur l'ordre public exige qu'il soit séquestré et la loi fait alors au ministère public un devoir de provoquer l'interdiction : la liberté individuelle et l'intérêt social sont ainsi conciliés. N'y a-t-il que démence ou imbécillité (article 490 du Code civil), l'action du ministère public n'est plus obligatoire (article 491), il arrivera le plus souvent que l'interdiction ne sera pas prononcée. Ajoutons que la loi du 30 juin 1838 a rendu dans la plupart des cas l'interdiction moins nécessaire en pourvoyant à l'intérêt social et aux atteintes à la liberté indviduelle.

Toute personne en état habituel de démence, de fureur ou d'imbécillité peut être interdite : pourtant cette opinion n'a pas été admise sans difficulté. Certains auteurs se sont appuyés sur les premiers mots de l'article 489, « le majeur » pour défendre l'interdiction des mineurs. L'intérêt de cette question a d'abord été contesté. En effet, a-t-on dit, le mineur non émancipé trouve dans la puissance paternelle et dans la tutelle tout ce qu'aurait produit l'interdiction, aussi le projet lui-même n'autorisait pas l'interdiction des mineurs non émancipés. L'émancipation d'autre part peut être révoquée et le mineur rentrer sous la puissance paternelle ou la tutelle, son interdiction serait encore inutile. On ajoute qu'un heureux changement pourra encore se produire avant la majorité et que pour prendre une mesure aussi grave que l'interdiction, mieux vaut attendre qu'elle devienne indispensable.

La nécessité d'interdire un mineur est cependant évidente. S'il est émancipé, l'article 485 ne pourrait s'appliquer à certaines émancipations telles que celles résultant du mariage ; en outre cet article serait inapplicable au mineur frappé d'aliénation mentale qui n'aurait commis aucun désordre et n'aurait pas non plus contracté d'engagement excessif.

D'un autre côté le tribunal de cassation avait formulé en ces termes une observation au projet : « Il paraît utile que la demande en interdiction puisse être formée contre un mineur émancipé dans la dernière année de sa minorité. » Si l'action en interdiction ne peut être formée qu'à l'époque de la majorité, que s'ensuit-il? Que l'intervalle de la demande au jugement est employé à ratifier, comme on en a plusieurs exemples, les actes passés en minorité contre chacun desquels une discussion particulière devient ensuite nécessaire, même après l'interdiction prononcée. A un autre point de vue la nullité de l'acte du mineur est facultative pour le tribunal, article 1205 ; celle de l'acte de l'interdit est impérative pour lui, article 502. Enfin nous verrons plus loin qu'il est d'autres différences entre le mineur et l'aliéné, par exemple quant au mariage et au testament.

Nous avons suffisamment établi l'intérêt de la question, voyons sur quoi se fondent les opinions opposées.

Celle qui soutient que les mineurs ne peuvent pas être interdits trouve un argument sérieux dans l'historique de l'article 489. Le projet communiqué aux tribunaux renfermait un article ainsi conçu : « La provocation en interdiction n'est point admise contre les mineurs non émancipés, elle l'est contre les mineurs émancipés (1). »

Le tribunal de cassation fit l'observation que nous avons rapportée plus haut : la section de législation du Conseil d'État supprima l'article et substitua la rédaction actuelle de l'article 486, à l'article 4 du titre X dans le projet commençant par ces mots · « Tout individu ». Le texte de loi en vertu duquel l'interdiction doit être prononcée contre les mineurs manque donc absolument.

Dans l'opinion qui permet d'interdire le mineur on répond : le Code civil parle de l'interdiction judiciaire au titre de la majorité parce que la folie des majeurs est cause des plus grands désordres ; il ne faut pas s'étonner de ce que les rédacteurs du Code civil aient voulu mettre l'article 489 en harmonie avec le titre auquel il appartient. On ajoute que le mineur peut aussi bien que le majeur troubler l'ordre public, dès lors le ministère public doit avoir le droit de requérir sa séquestration, et si nous nous plaçons à une époque antérieure à 1838 obtenir préalablement l'interdiction.

De plus, pour répondre à la question de texte, l'expres-

1. Art. 39, Fenet. t. II, p. 96.

sion générale « individu » se retrouve dans l'article 491
qui décide, la question de savoir quand le ministère public peut et doit provoquer l'interdiction. Puis la faculté
d'interdire le mineur est supposée par la loi dans les articles
174 et 175. C'est bien au mariage d'un mineur que le
tuteur est autorisé à faire opposition pour cause de démence ;
or, l'opposition n'est admise qu'à la charge de provoquer
l'interdiction ; la loi reconnaît donc la possibilité d'interdire le mineur.

Cette doctrine est d'ailleurs conforme à l'exposé des motifs de M. Emmery au Corps législatif : « Il peut arriver
qu'une personne soit en tutelle lors de son interdiction. »

§ 2. — *Personnes pouvant provoquer l'interdiction.*

La détermination des personnes autorisées à provoquer
l'interdiction soulève au point de vue des incapacités résultant de la folie une difficulté qui mérite notre attention.
Une personne serait-elle recevable à demander elle-même
à la justice de prononcer son interdiction ? La même question se poserait pour l'obtention d'un conseil judiciaire,
puisque l'article 514 oblige à adopter pour l'une comme
pour l'autre une même solution.

Précisons avant tout le vrai point de la difficulté. Il ne
se peut agir d'une interdiction par voie de convention, la
Cour de cassation l'a jugé ainsi sur les conclusions de
Merlin. Les tribunaux ne prononceraient plus l'interdic-

tion comme le faisaient les anciens parlements sur la seule demande de l'aliéné ; une pareille interdiction serait conventionnelle et en matière d'ordre public il ne pourrait y avoir de convention judiciaire ou extra-judiciaire. Mais l'aliéné ne pourra-t-il pas saisir le tribunal de la demande, sauf ensuite aux juges à procéder comme la loi le prescrit ?

Dans une première opinion il est très raisonnable que l'individu atteint d'aliénation mentale et qui le sait, profite d'un intervalle lucide pour implorer la protection de la justice, afin qu'elle le mette à l'abri des surprises et des fautes par lesquelles il pourrait être ruiné. On ajoute : la justice elle-même prononce dans ce cas si elle reconnaît qu'il y a lieu de prononcer ; il n'est pas question de renonciation ni de consentement. D'ailleurs notre ancien droit admettait que le juge pouvait nommer un conseil sur la propre réquisition de l'incapable, quand il lui reste assez de raison pour se défier de lui-même ; et même le projet du Code civil avait un chapitre : « Du conseil volontaire » qui permettait au majeur se croyant incapable d'administrer ses biens de demander qu'il lui fût nommé un « conseil judiciaire ». Ce chapitre n'a pas été conservé, mais rien dans notre Code n'est contraire à cette procédure.

Dans une seconde opinion qui rallie la presque unanimité des auteurs, la demande en interdiction est une mesure infiniment grave et la résolution à prendre en pareil cas dépend de considérations diverses et complexes. La famille a des motifs très sérieux et très respectables d'éviter l'éclat du procès et de cacher l'infirmité morale de l'un de ses membres. Mais son silence pourrait souvent compromettre les intérêts pécuniaires de l'aliéné et tous les droits qui peuvent en dépendre. Il y avait donc pour le législateur nécessité de déterminer précisément les personnes qui auraient le droit de soulever dans une famille un procès de ce caractère et de cet intérêt. Or aucun texte n'autorise une personne à demander ces mesures pour elle-même; on reste donc sous l'empire des principes généraux qui ne nous permettent de consentir directement ou indirectement à aucune modification de notre état personnel.

Nous ne pouvons pas supposer que les rédacteurs du Code civil auraient supprimé les dispositions du projet relatives au « conseil volontaire » avec l'intention d'admettre ce mode de procéder. Le Code de procédure confirme contre nos adversaires, notre interprétation du Code civil. Toute demande en interdiction ou en nomination d'un conseil judiciaire suppose un procès véritable, deux adversaires en présence et toujours pour défendeur la personne à interdire, article 496, Code civil. Comment appliquer les règles de la procédure si le défendeur devient demandeur? Le Code de procédure n'a pas voulu exposer les juges à une décision trop prompte et dangereuse pour les tiers, parce que le débat des intérêts contradictoires ne l'aurait pas éclairée.

§ 3. — *Procédure de l'interdiction*

La procédure d'interdiction peut avoir une assez longue

durée et sans entrer dans tous ses détails nous nous attacherons à l'un d'eux qui modifie d'une certaine manière la condition de la personne à interdire. L'article 497 porte : « Après le premier interrogatoire, le tribunal commettra, s'il y a lieu, un administrateur provisoire pour prendre soin de la personne et des biens du défendeur. » Après le premier interrogatoire la loi autorise les juges à nommer un administrateur provisoire aux biens de la personne à interdire. Cette mesure a pour but d'empêcher les lenteurs de la procédure de nuire aux intérêts de l'aliéné.

Le mode de nomination, l'étendue des pouvoirs de l'administrateur provisoire, les garanties à exiger de lui, donnent lieu à des questions fort délicates qui nous obligeront à entrer dans quelques développements.

Nous avons à examiner successivement comment est nommé l'administrateur provisoire et quels actes il lui est permis de faire. Nous chercherons ensuite si les biens sont grevés d'une hypothèque légale comme ceux d'un tuteur ou du moins d'une hypothèque judiciaire.

L'administrateur provisoire sera nommé par le tribunal. Mais ici se présente une question importante. La procédure en interdiction comprend deux phases distinctes. D'abord un certain nombre de mesures en quelque sorte préparatoires sont ordonnées par le tribunal ; elles l'assurent qu'un procès de cette importance ne repose pas sur des motifs sans consistance, mais sur des raisons sérieuses. A cette instruction préliminaire succède un débat solennel, soumis en tout point aux règles ordinaires. La première partie de la procédure est secrète, c'est en la chambre du conseil que se fait l'information ; la seconde partie est publique ; le débat contradictoire a lieu en audience publique. L'administrateur provisoire sera-t-il nommé par jugement rendu à l'audience ou bien un jugement rendu à la chambre du conseil suffira-t-il comme pour ordonner la convocation du conseil de famille ou l'interrogatoire de l'aliéné ?

Sur un savant réquisitoire de l'avocat général Nicias-Gaillard, le 6 janvier 1856 la Cour de cassation a décidé la compétence de la chambre du conseil en pareille matière. Son opinion nous paraît la plus plausible et la plus raisonnable, soutenue par un grand nombre d'arguments dont nous citerons seulement les principaux :

1. — L'enchaînement des textes. Dans les articles 493 et suivants complétés par le Code de procédure, le législateur décrit avec soin les formalités auxquelles se doit conformer le demandeur en interdiction. Une requête est d'abord présentée (art. 493), puis rapport du juge, conclusions du ministère public et convocation du conseil de famille ordonnée par le tribunal (art. 494), enfin l'interrogatoire ordonné par jugement. Tout le monde en convient, cette procédure se déroule entièrement en la chambre du conseil : l'article 496 est formel. La nomination de l'administrateur provisoire (art. 497), est-elle soumise à d'autres règles et ne peut-elle être valablement faite qu'à l'audience publique ? Aux termes de l'article 498, l'ouverture du débat contradictoire sert de début à la procédure

publique : « Le jugement sur une demande en interdiction
ne pourra être rendu qu'à l'audience publique les parties
entendues et appelées. » Pour un débat contradictoire,
publicité de l'audience, voilà ce qu'exige la loi et ce qui
nous permet de conclure que tout avant ce débat et la nomination de l'administrateur provisoire notamment se fait
sans publicité. Ainsi l'ont entendu les rédacteurs de la loi
du 30 juin 1838 dans son article 52. « Le tribunal civil
du lieu du domicile pourra, conformément à l'article 497
du Code civil, nommer en chambre du conseil, un administrateur provisoire aux biens de toute personne non interdite placée dans un établissement d'aliénés. »

2. — Les précédents historiques viennent s'ajouter ici
à l'esprit de la loi pour confimer notre solution. Dans l'ancien droit le lieutenant civil intruisait les affaires d'interdiction, mais l'affaire une fois instruite, au tribunal réuni en
chambre du conseil était réservé le pouvoir de statuer définitivement. En décidant dans son article 468 que le jugement définitif serait rendu en audience publique, le Code
civil a brisé en partie avec ces traditions, mais le reste de
la procédure continue d'être régi par les principes anciens,
c'est-à-dire sans publicité.

3. — D'ailleurs c'est un acte de juridiction gracieuse que
la nomination d'un administrateur provisoire, ce n'est pas
un acte de juridiction contentieuse, par conséquent la
chambre du conseil est compétente. Ce n'est point par voie d'as-
signation que procède le requérant ; il n'a pas d'adversaire ; il
se contente de solliciter le juge, de nommer un administateur,

c'est-à-dire de faire un acte d'administration judiciaire et non de juridiction. Il est indifférent à notre question que dès la notification du jugement prescrivant l'interrogatoire du défendeur la procédure soit devenue contentieuse et que la personne à interdire soit dès à présent contradicteur.

Souvent le jugement de nomination investit l'administrateur provisoire de pouvoirs spéciaux : droit d'hypothéquer certains biens, d'emprunter jusqu'à concurrence de sommes déterminées ; à part ces cas particuliers les termes mêmes de la loi définissent ces pouvoirs. C'est une « administration provisoire. » Celui qui en est chargé n'a que les droits d'un administrateur ; s'il y a utilité ou nécessité de faire un acte de disposition avant le jugement définitif, l'administrateur devra s'adresser au tribunal qui l'autorisera en vertu du pouvoir discrétionnaire dont il est investi. Quant aux actes d'administration, l'administrateur a en principe, le droit de les faire mais avec une restriction ; sa gestion n'étant que provisoire, il ne convient pas qu'il fasse des actes définitifs, hors le cas de nécessité ou d'utilité évidente (1). L'administrateur qui excède ces limites et vend les biens de l'aliéné peut être révoqué, par le tribunal, par exemple pour avoir vendu sans nécessité le mobilier d'une personne dont il gère le patrimoine (2).

Il faut décider d'après le même principe la question de savoir si l'administrateur a qualité pour représenter l'aliéné en justice.

1. Art. 31 à 36. Loi du 30 juin 1838.
2. Bruxelles, 30 août 1806, Sirey, 13, 2, 319.

Le pouvoir d'administrer n'emporte pas le pouvoir de représenter, bien moins encore quand l'administration est provisoire : administrer c'est gérer, ce n'est pas représenter. Mais si l'administrateur ne peut pas plaider, ni en demandant, ni en défendant, qui donc représentera l'aliéné? S'agit-il d'une action à intenter, l'administrateur se fera autoriser par le tribunal : le juge qui peut lui donner le droit d'aliéner, lui peut aussi donner le droit de plaider. Si une action doit être intentée contre l'aliéné, contre qui sera-t-elle formée? La cour de Paris a jugé que l'administrateur avait qualité pour répondre aux actions ; ce serait, dit l'arrêt, compromettre les intérêts de l'incapable et paralyser les droits des créanciers s'il fallait suspendre les actions jusqu'à la nomination d'un tuteur (1). Nous pensons aussi que les actions ne peuvent pas être suspendues. Cependant le jugement qui nomme un administrateur ne frappe pas l'aliéné d'incapacité, il pourvoit seulement aux besoins de l'administration (2) ; l'aliéné reste capable, c'est contre lui que les actions doivent être formées, sauf à l'administrateur à demander au tribunal de défendre. En aucun cas, l'administrateur, comme tel, n'a le droit de défendre aux actions ; si elles ont été intentées contre lui, ce qui est fait est nul (3).

Aux termes de l'article 2121, al. 2, l'hypothèque légale ne porte que sur les biens des tuteurs et l'administrateur

1. Paris, 20 août 1853, Dalloz 1855, 1, 249.
2. Toulouse, 24 mai 1836. — Dalloz, *Interdiction*, n° 114-1°.
3. Cass. 22 janv. 1855. — Dalloz, 1855, 1, 248 ; Rouen, 22 janv. 1856. — Dalloz, 1856, 2, 135.

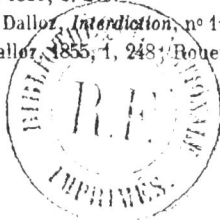

provisoire n'y est pas soumis. Mais la cour de Paris (1) admet que le jugement qui nomme l'administrateur provisoire emporte hypothèque judiciaire.

Voici par quelle série de déductions la cour de Paris est arrivée à cette conclusion. Le jugement qui nomme un administrateur lui impose l'obligation de gérer ; or, cette obligation, comme toute obligation de faire, est résoluble en dommages-intérêts, le jugement qui nomme un administrateur, emporte implicitement condamnation à payer, le cas échéant, une somme d'argent ; donc pour assurer d'avance le paiement éventuel de cette somme, le jugement emportera hypothèque, et l'inscription prise à cet effet sera valable.

Un pareil raisonnement ne saurait être admis ; sans doute, pour qu'un jugement emporte hypothèque, il est inutile qu'il statue sur une créance certaine et déterminée, ainsi la jurisprudence admet que tout jugement impose une obligation de faire susceptible de se résoudre en dommages-intérêts bien qu'elle ne contienne pas condamnation actuelle, confère l'hypothèque aux termes de l'article 2123.

Tel le jugement qui ordonne la reddition d'un compte mais encore ce jugement emporte-t-il le germe d'une condamnation. Vis-à-vis de l'administrateur provisoire le jugement n'a aucune valeur coercitive, puisque cet administrateur peut se soustraire au fardeau dont il est chargé, donc pas d'obligation de gérer ou de rendre compte, pas de condamnation éventuelle à payer une somme d'argent.

1. Arrêt du 12 novembre 1833.

Si les biens de l'administrateur provisoire sont grevés d'hypothèque judiciaire, il devra en être de même du curateur aux biens d'un absent, du curateur à une succession vacante ; les hypothèques judiciaires seraient multipliées d'une manière déraisonnable, une grave atteinte serait portée au crédit public.

Nous remarquerons enfin que si aux termes de l'article 34 de la loi du 30 juin 1838 le tribunal peut en nommant un administrateur provisoire à l'individu placé dans un établissement d'aliénés, constituer sur ses biens une hypothèque générale ou spéciale jusqu'à concurrence d'une somme déterminée, cette disposition tout exceptionnelle vient confirmer notre opinion.

§ 4. — *Effets de l'interdiction.*

La solution de cette question nous mène à la partie la plus délicate de notre sujet celle qui concerne « les effets de l'interdiction. »

I. — Aux termes de l'article 509 « l'interdit est assimilé au mineur pour sa personne et pour ses biens, les lois sur la tutelle des mineurs s'appliquent à la tutelle des interdits. »

L'ouverture de la tutelle est l'effet principal et essentiel de l'interdiction. En cela surtout l'interdit est assimilé au mineur mais pas absolument à beaucoup près. Les règles générales seules sur la tutelle des mineurs s'appliquent à

l'interdit. Telles étaient les règles relatives à la composition
du conseil de famille, au mode de sa convocation, de ses
délibérations, au subrogé-tuteur, aux causes d'incapacité
d'exclusion, d'excuse et de destitution. Mais on trouve dans
le Code civil lui-même soit implicitement, soit explicitement des règles spéciales aux interdits.

L'organisation, l'administration, la cessation de cette
tutelle, les actes juridiques faits ou passés par l'interdit
lui-même sont les principaux objets de ces règles spéciales,
et comme le complément et le développement de l'incapacité dont nous avons à parler.

L'interdit, aux termes des articles 505 et 509, est
en tutelle. Nous avons vu que cet interdit pouvait être
mineur et déjà en tutelle. Fallait-il dans cette hypothèse
lui nommer de nouveau un tuteur, à raison de son interdiction ? L'intérêt de cette question est que la tutelle des
interdits cesse après dix ans, tandis que celle des mineurs
dure jusqu'à la majorité. Valette (1) l'exige pour éviter les
distinctions les plus arbitraires ; mais il ne faut pas oublier
que la solution de cette difficulté a été donnée en faveur
de l'opinion adverse même dans l'exposé des motifs présenté au Corps législatif «....il faut un tuteur et un protu-
teur à la personne interdite (2). »

« Il peut arriver qu'elle soit en tutelle lors de son interdiction ; alors la tutelle continue, sinon le tuteur et le pro-
tuteur sont établis dans les formes accoutumées. »

1. Explication sommaire du livre I, page 373.
2. Fenet, t. X, page 712.

Dans cette opinion la tutelle d'un interdit pourrait devenir quelquefois légitime ou testamentaire. Il est vrai que ce n'est pas là un texte de loi, mais un exposé des motifs fait à une époque déjà avancée de la discussion, surtout dans les parties au sujet desquelles rien ne nous révèle une discussion, ne saurait être regardé comme ayant la valeur d'une simple opinion personnelle.

La règle générale est que la tutelle des interdits est toujours dative, c'est-à-dire déférée par le conseil de famille. L'article 505 porte en effet pour tous les cas et sans distinction qu'il sera pourvu à la nomination d'un tuteur et d'un subrogé-tuteur à l'interdit suivant les règles prescrites au titre de la minorité de la tutelle et de l'émancipation » ; termes à peu près exactement reproduits de l'article 405 où se trouve organisée la tutelle dative.

D'un autre côté le Tribunal avait fait observer que l'article du projet, dont nous connaissons la teneur laissait supposer que, dans tous les cas, il fallait une nomination de tuteur à l'interdit. Il ajoutait qu'il y avait cependant des interdictions dans lesquelles il n'y avait pas lieu de procéder à une nomination, ce qui arrivait non-seulement dans le cas de l'article 19 du projet (art. 506 *de la rédaction*) mais encore si l'interdit avait des ascendants. Dans tous les cas, il y avait selon le Tribunat une tutelle de droit et cela avait paru être rappelé dans la rédaction proposée. Ces observations furent rejetées. On comprend d'ailleurs qu'un fait extraordinaire et exceptionnel n'ait pas été jugé susceptible d'une règle « *a priori* », que la minorité, fait normal, s'ouvrait par des événements déterminés susceptibles d'être prévus et réglementés à l'avance.

La jurisprudence est conforme à cette doctrine ; la Cour de cassation l'a adoptée sur les conclusions de Merlin par arrêt du 11 mars 1812 (1).

Une exception a été faite au principe de la tutelle dative quand la femme est interdite ; le mari est de droit son tuteur, article 506. Il l'est par devoir et par intérêt c'est une conséquence de l'obligation de protection, secours, assistance (art. 212 et 213).

La femme interdite peut être séparée de corps d'avec son mari. Celui-ci sera-t-il encore tuteur légal de sa femme ? Les termes généraux et absolus de l'article 506 font toute la difficulté. Une opinion fonde l'affirmative sur ce que, l'article 506 ne fait aucune exception pour le cas de séparation de corps. Nous répondons dans le sens contraire que le Code civil s'est, en général, fort peu occupé de la séparation de corps. D'un autre côté l'exception que nous croyons nécessaire à l'article 506 doit être faite si elle résulte virtuellement des motifs essentiels de la loi. Or, la tutelle du mari sur la femme interdite est la conséquence des devoirs imposés au mari par les articles 212 et 213. Ces devoirs supposent la vie commune brisée par la séparation de corps. L'article 108 nous offre d'ailleurs l'exemple d'une semblable exception ; la doctrine est presque unanime pour reconnaître que la femme séparée de corps a un autre domicile que celui de son mari.

1. Dalloz, mot *Interdiction*, nº 158.

Le relâchement des obligations conjugales existe encore dans la séparation de biens quant à l'administration des biens d'un époux par le conjoint. Nous pensons que cette administration étant une partie notable des devoirs du tuteur, l'article 506 ne devra pas trouver son application dans cette hypothèse.

Il résulte des motifs que nous venons de donner qu'il n'y aura pas lieu de rechercher contre quel époux la séparation de corps a été prononcée.

Certains auteurs ont été d'avis que l'article 444 serait suffisant pour empêcher les articles 506 et 507 de s'appliquer à l'époux contre lequel aurait été prononcée la séparation de corps ou la séparation de biens (1). Le tuteur est nommé à l'interdit suivant les règles de la tutelle, cela résulte de l'article 505.

Les dispositions du Code civil relatives à la composition du conseil de famille et à ses délibérations s'appliquent à l'interdiction. On a dû se demander à ce sujet si les personnes qui avaient provoqué l'interdiction sont exclues du conseil de famille assemblé pour nommer un tuteur ou de ceux qui se réunissent au cours de la tutelle. Ces personnes d'après l'article 495 ne peuvent faire partie du conseil de famille : c'est la raison de douter. Mais il résulte du rapprochement de l'article 495 avec celui qui le précède que l'exclusion dont nous avons parlé est rapportée uniquement au conseil de famille qui par ordre du tribunal doit donner

1. Demol. t. VIII, nos 569-571 ; t. VII, nos 484 et 485.

son avis sur l'état de la personne dont l'interdiction est demandée. Or, les exclusions ne s'étendent pas. Le motif de
l'exclusion lui-même a disparu du moment que l'interdiction a été prononcée, il n'y a plus d'opposition d'intérêts.

Une autre question s'est encore posée sur l'article 505.
La femme de l'interdit doit-elle être appelée au conseil de
famille qui nomme un tuteur à son mari? La difficulté
vient de l'article 495. Cet article en mettant sur la même
ligne les enfants de l'aliéné et son conjoint, décide implicitement que ce dernier doit faire partie du conseil de famille quand il n'a pas provoqué l'interdiction, et qu'il doit
y être appelé avec voix consultative lorsqu'il est demandeur.
On a voulu étendre cette disposition à tous les cas où un
conseil de famille est convoqué en matière d'interdiction.
Dans cette opinion on tire argument de l'article 507, aux
termes duquel la femme de l'interdit peut être nommée
tutrice, on en induit qu'à plus forte raison elle doit être
appelée au conseil de famille.

Nous pensons que l'article 505 ne nous permet pas de
suivre les défenseurs de cette opinion. Cet article veut, en
effet, que la nomination du tuteur de l'interdit soit faite
suivant les règles de la « tutelle. » Or, l'une d'elles dont
l'importance ne saurait être contestée, l'article 442 décide
que : « Ne peuvent être tuteurs ni membres des conseils
de famille les femmes autres que la mère et les ascen-
dantes. » Il est vrai que par l'article 507 il est dérogé à
l'une de ces incapacités, mais l'autre subsiste parce que la

loi n'y déroge pas (1). Le raisonnement par analogie n'est pas admis en matière d'exceptions et d'ailleurs, permettre au conseil de nommer la femme tutrice est bien différent d'appeler la femme *de plano* au conseil de famille.

Il doit être procédé le plus tôt possible à la nomination du tuteur, puisque l'interdit est frappé d'incapacité à partir du jugement, et pourtant le tuteur ne peut pas être nommé immédiatement parce que la nomination est une exécution du jugement. Selon le droit commun en cette matière, signification du jugement doit avoir été faite à l'interdit, la huitaine à dater du jour du jugement doit être expirée ; l'appel ne doit pas être interjeté.

Ces conditions étant incontestées, une opinion a pensé que l'article 505 en ajoutait une autre. La raison de douter est l'expression : « s'il n'y a pas d'appel » dont se sert notre article? Il faut attendre, a-t-on dit, que le délai de l'appel ne soit plus possible. Dans cette opinion que nous combattons, on argumente d'abord de l'inutilité d'un déplacement de parents, d'une formation de conseil qu'un appel paralysera d'un jour à l'autre. En outre, aucune nécessité n'exige tant de précipitation ; les intérêts de l'interdit sont protégés par l'administrateur provisoire que le tribunal a nommé, et si le tribunal n'a pas jugé qu'il y eût lieu à cette mesure, c'est que le patrimoine de l'interdit est à l'abri de tout danger.

---

1. Paris, 24 fév. 1853. Dalloz, 1853, 11, 167. — contrà Dijon, 15 fév. 1866. Dalloz, 1866, 11, 63.

2. Montpellier, 29 juillet 1862 ; Dalloz, 1862, 11, 195.

Notre opinion prétend aussi être fondée sur les textes. Nous supposons en effet qu'au moment où le conseil de famille est convoqué, bien qu'il puisse encore y avoir un appel, en fait, en ce moment il n'y a pas d'appel.

En outre, ce qui est suspensif, aux termes de l'article 457 Code de procédure, c'est l'appel lui-même, l'appel interjeté, et non le simple délai d'appel ; et nous ne voyons pas que l'article 605 déroge à ces principes.

Enfin il arrive toujours que l'appel remette tout en état ce qui n'empêche pas que les tribunaux aient le droit d'ordonner l'exécution provisoire.

Selon nous, la seule conséquence d'un appel postérieur à l'organisation de la tutelle est la suspension des pouvoirs du tuteur et son remplacement momentané quand il y a lieu, par un administrateur provisoire.

Nous terminons cette étude de l'organisation de la tutelle des interdits par des observations sur lesquelles la doctrine et la jurisprudence sont depuis longtemps unanimes.

Par application du principe général en vertu duquel il n'y a d'incapacités ou exclusions que celles établies par la loi, celui qui a provoqué l'interdiction peut être appelé à la tutelle de l'interdit.

En outre par exception aux règles générales sur la tutelle qui excluent les femmes de la charge de tutrice, l'article 507 porte que la femme peut être nommée tutrice de son mari. Nous devrons remarquer que la loi accorde au conseil de famille la faculté de confier la tutelle à la femme, faculté dont il est libre de ne pas user, sans avoir de compte à rendre à personne. Le devoir et l'intérêt évident de la femme détermineront le conseil de famille à lui accorder la faveur de l'article 507 s'il n'a pas de sérieuses raisons pour l'en priver.

En général, conformément à l'article 509, les règles de l'administration de la tutelle des interdits sont les mêmes que pour la tutelle des mineurs : le soin de la personne de l'interdit, et sa représentation dans tous les actes de la vie civile (article 450).

En conséquence le domicile du tuteur devient celui de l'interdit (art. 108), et dans la pratique tantôt ce domicile sera celui de la femme si elle est nommée tutrice (art. 507 ou 108), celui du tuteur désigné par le conseil de famille. Il en faut conclure que ce domicile deviendra celui des enfants mineurs non émancipés de l'interdit. Les enfants mineurs non émancipés de l'interdit ont un domicile qui leur est propre, cela résulte des articles 108 du Code civil (*a contrario*) et de l'article 2-2° Code de comm. Mais faut-il aller plus loin et imposer à la femme le domicile des tuteurs de son mari interdit ? Voici sur cette matière comment raisonne une première opinion (1). La femme mariée n'a point d'autre domicile que celui de son mari ; or, le mari interdit a son domicile chez son tuteur ; donc la femme a son domicile chez le tuteur de son mari.

Elle ajoute que l'interdiction n'est pas un motif suffisant pour la séparation de biens, et que si le domicile de la femme est différent de celui du mari, le tuteur du

1. Demol. I, 363.

mari interdit exerçant au nom de celui-ci certains droits attachés à la puissance maritale, tels que l'administration des biens de la femme, rencontrera quelques difficultés.

Il en résulte que le domicile de la femme n'est pas autre que celui du mari, parce qu'aucune cause légale ne lui concède alors la capacité de se créer ailleurs, pour elle-même et pour elle seule, un établissement principal avec les caractères et les effets du domicile.

La jurisprudence n'est pas conforme à cette opinion. Un arrêt de la cour d'Aix s'est prononcé en sens contraire (1). Voici comme a raisonné cette cour. L'article 108, dans son premier alinéa est la conséquence des articles 214 et 102 du Code civil combinés. Ces prémisses permettent de conclure que la femme séparée de corps a un domicile séparé de son mari (2). Or, si le principe de notre matière se trouve dans l'article 214 l'obligation du domicile du mari réside dans l'obligation pour la femme d'habiter avec son mari et de le suivre « partout où il juge à propos de résider. » Dès le moment où son mari interdit sera bon gré mal gré obligé d'avoir son domicile partout où son tuteur « jugera à propos » et de résider partout où son conseil de famille le décidera, parce que lui-même est incapable de prendre un parti, même en ce qui le concerne, la femme deviendra libre d'agir en ces matières jusqu'au retour de la cause de son incapacité consentie. La Cour d'Aix a donc justement décidé « que l'article 214

1. Aix, 5 mars 1842. — Dalloz, J. C. *Interdiction*, n° 174.
2. Demol. I, 358.

du Code civil, qui soumet l'épouse à suivre son mari, n'a entendu faire dépendre cette soumission que de la propre volonté de l'époux, qui n'existe plus raisonnablement dès que le tuteur vient en prendre la place. »

Cet argument est très spécieux et nous croyons fort possible que les rédacteurs du Code civil n'avaient pas pensé au titre du domicile, aux hypothèses malheureuses que la folie pourrait créer dans le mariage. Mais comme il faut une solution conforme à l'esprit de la loi nous pensons que les devoirs réciproques des époux, loin de s'éteindre, se développent par les malheurs de l'un d'eux, et que la femme ne sera jamais plus commodément placée pour prêter secours et assistance au mari qu'en continuant d'avoir le même domicile que lui ; cette unité de domicile rendra plus facile au tuteur les actes qui concernent la société conjugale. Et la morale n'y perdra rien puisque les juges resteront compétents pour statuer sur des faits qui y porteraient atteinte. C'est donc à la première opinion que nous croyons nécessaire de nous rallier.

Dans l'opinion contraire il ne faudrait pas conclure que la femme pourrait se choisir tel domicile qu'il lui plairait.

L'interdiction du mari a pour effet de diviser l'administration du patrimoine et l'exercice des puissances paternelle et maritale. Le tuteur et le conseil de famille administrent les biens confiés à l'administration de l'interdit, la puissance paternelle est exercée par le conjoint et la puissance maritale, en ce qui concerne l'exercice de la volonté du mari interdit, appartient au juge. L'article 222 est formel pour les procès et les contrats de la femme interdite, nous croyons que par analogie nous devons l'étendre au domicile de la femme non tutrice de son mari interdit.

Chargé de veiller sur la personne de l'interdit, le tuteur peut prendre les mesures qu'il juge nécessaires ou utiles. C'est encore une conséquence de l'article 450. Il en résulte qu'elle doit avoir l'étendue donnée dans cet article au pouvoir du tuteur sur la direction et le gouvernement du mineur. Or ce pouvoir a pour objet l'entretien et l'éducation. C'est à dire que le tuteur est l'arbitre exclusif et absolu de toutes les questions qui se rattachent à cette mission paternelle. Aux termes de l'article 454 : « Le conseil de famille réglera « par aperçu » les dépenses ce qui indique une certaine latitude laissée à l'initiative du tuteur pour régler la somme à laquelle doit s'élever la dépense annuelle du mineur ; et il est évident que cette attribution ne renferme pas le pouvoir d'apprécier et de déterminer en même temps que l'importance, le but et l'objet de cette dépense. Le conseil de famille ne peut donc pas, en votant des fonds, exprimer l'emploi auquel ils seront affectés, sous la condition duquel seulement il déclarera les voter. On a essayé de rapprocher l'article 454 de l'article 510. L'article 510 correspond dans ses deux parties d'une part à l'article 450, d'autre part à l'article 454 et la possibilité pour lui de tracer des mesures obligatoires pour le tuteur y est nettement précisée : « Selon les caractères de sa maladie et l'état de sa fortune, le conseil de famille pourra arrêter qu'il sera traité dans son domicile ou qu'il sera placé dans une maison de santé et même dans un hospice.

La question devient délicate lorsque le mari est tuteur de sa femme interdite. M. Demolombe, après avoir enseigné qu'il n'appartient pas au mari de décider si la femme sera soignée chez elle ou ailleurs, a soutenu aussi énergiquement l'opinion contraire (1). Voici les arguments invoqués dans chaque opinion.

L'article 454 prévoyant l'hypothèse correspondante à la notre dans le cas de minorité a explicitement excepté la tutelle des père et mère de la réglementation du conseil de famille ; le législateur s'est donc réservé les exceptions à cette règle posée par lui. Or la généralité de l'article 510 ne comporte aucune distinction entre la tutelle déférée par la loi et celle déférée par le conseil de famille ; nous ne pouvons donc l'admettre d'office.

On ajoute que la protection due à l'interdit contre certains abus de la part du mari, s'y oppose aussi bien que le texte ; et que la femme interdite n'a un conseil de famille que pour suppléer à l'incapacité où elle se trouve de se défendre elle-même contre les abus de la puissance maritale.

Nous ne croyons pas qu'il faille voir dans la nomination d'un conseil de famille à la femme interdite, qui a pour tuteur son mari, une mesure de défaveur contre le mari. La tutelle déférée aux époux prouve plutôt la grande confiance du législateur dans une affection réciproque, et cette

1. Démol. t. VIII, comp. nᵒˢ 579 *bis* et 592.

confiance n'est amoindrie qu'en considération de la faiblesse du sexe. Cependant cette confiance n'est pas aveugle, et le législateur veut, que toujours les intérêts de chacun des époux pendant le mariage aient un défenseur. L'initiative de l'époux interdit est remplacée par le mécanisme de la tutelle, sans que les droits et obligations qui résultent pour l'autre époux du mariage et des conventions matrimoniales puissent être modifiés. Or, les situations sont très variables. Il en résulterait que le rôle du conseil de famille n'aurait pas toujours la même étendue, notamment quant à la détermination du lieu où serait traité l'interdit, que si le droit pour le conseil de famille d'obliger le tuteur à certaines mesures était fondé sur son devoir de régler la dépense annuelle, droit variable selon les régimes matrimoniaux, il en résulterait entre le conjoint de l'interdit et ses autres protecteurs, une possibilité de conflit qu'il faudra faire résoudre en fait par les tribunaux compétents.

L'article 510 doit être considéré comme d'ordre public et comme protecteur de la liberté individuelle ; le conseil de famille se compromettrait dans une atteinte à la liberté d'un époux incapable.

D'ailleurs ce qui importe à l'interdit c'est sa guérison, son soulagement, aussi la loi veut-elle que ce soit aussi la principale préoccupation du conseil de famille dans la détermination du budget de l'interdit, article 510. Il est vrai que l'article 510 de même que l'article 454 ne parlent que des revenus. Cette hypothèse a été prévue comme plus ordinaire et non comme unique. Nous pouvons raisonner

ici par analogie entre les deux articles et pour l'article **454,**
nous ne connaissons pas d'autre explication qui aurait
amené la disparition de ce petit alinéa du projet : « Les
frais de nourriture, entretien, éducation du mineur ne
peuvent excéder ses revenus ». Telle est d'ailleurs la
manière de voir de la jurisprudence (1).

Chargé d'administrer les biens, le tuteur doit recevoir
les comptes de l'administrateur provisoire, article 505, Code
civil, article 895 Code procédure. Lorsque le tuteur aura
été administrateur, le compte qu'il doit en cette qualité
formera une partie de ceux qu'il aura à rendre comme
tuteur.

Relativement au pouvoir du tuteur des interdits, nous
retrouvons les quatre classes d'actes déterminées pour les
mineurs. Nous signalerons à propos de ces actes la loi du
22 février 1880 qui a modifié les pouvoirs du tuteur relativement à l'aliénation des valeurs mobilières appartenant
aux mineurs ou aux interdits et à la conversion de ces valeurs
en titres au porteur. Cette loi rentre dans la théorie générale
de la tutelle des mineurs à laquelle nous renvoyons toujours
pour les règles générales. Nous dirons seulement que les
conseils chargés d'administrer l'établissement où se trouve
interné un aliéné non interdit remplit les fonctions de conseil
de famille auprès de celui-ci pour les opérations visées par
la loi.

Les actes qui sont absolument interdits au tuteur méritent un examen plus attentif.

1. Besançon, 20 nov. 1852. — **Dalloz,** 1853, II, 107.

Il n'est pas rare que la tutelle des interdits présente une hypothèse impossible dans les tutelles des mineurs et de telle importance que le législateur y ait dû pourvoir par une disposition spéciale. « Lorsqu'il sera question du mariage de l'enfant d'un interdit, la dot ou l'avancement d'hoirie, et les autres conventions matrimoniales seront réglés par un avis du conseil de famille homologué par le tribunal, sur les conclusions du procureur du roi. » Tels sont les termes mêmes de l'article 511.

L'état lamentable du père ne doit pas empêcher l'accomplissement, en son nom, d'une obligation naturelle, que probablement il eût remplie lui-même. D'ailleurs la fin de l'article contient une énumération des formalités qui sont plutôt autant de garanties.

Ici comme dans l'article 914 nous entendrons le mot « enfants » dans le sens générique de descendants à quelque degré que ce soit. Les mêmes raisons permettent d'y comprendre l'enfant naturel reconnu.

Permettre aux représentants de l'interdit de faire pour l'établissement des enfants de ce dernier ce qu'il eût fait lui-même, tel a été le but de l'article 511. Or les père et mère transmettent à leurs enfants à titre d'avancement d'hoirie une portion de leurs biens aussi bien à l'occasion d'un établissement, qu'à celle d'un mariage. Si le législateur n'a parlé que de la dernière hypothèse, il ne l'a citée qu'à titre d'exemple.

Cependant le législateur n'a voulu créer aucune inégalité entre les enfants et l'expression d'avancement d'hoirie dont il qualifie cette disposition prise par le conseil de famille et qui ne se retrouve pas ailleurs dans le Code, prouve assez qu'il n'a pas permis au conseil de famille de disposer par préciput.

L'expression « autres conventions matrimoniales » que l'article 511 emploie encore ne vise que le droit pour le conseil de famille de faire dépendre la donation de l'adoption d'un régime particulier.

Nous en avons terminé avec les règles sur l'administration du tuteur. Il restait à prévoir des hypothèses d'une grande importance, telles que celle, par exemple où l'interdit est marié. Les solutions seront différentes selon que : 1° c'est la femme qui est interdite et a pour tuteur son mari ; 2° c'est le mari qui a pour tuteur sa femme ; 3° un tiers est tuteur d'un époux interdit.

I. — Le mari est, dit l'article 506, de droit tuteur de sa femme interdite. Mais le Code ne dit pas et il n'avait aucune raison pour le dire que la puissance maritale sera remplacée par la puissance tutélaire. Le mari tuteur de sa femme interdite joindra à sa puissance maritale conservée, l'autorité nouvelle que lui confère la tutelle, de la même manière que le survivant des père et mère a aussi une double puissance : l'autorité paternelle et la tutelle. Cependant un motif d'ordre public, la nécessité de garantir la liberté individuelle de chacun, a donné lieu à l'article 510 d'après lequel le mari lui-même ne peut fixer le lieu où sera soignée sa femme interdite, mais doit se conformer à l'avis du conseil de famille. En outre, si oublieux de ses devoirs ou par une économie mal entendue le mari ne pourvoit pas convenablement aux besoins de sa femme, le subrogé pourra déférer le conflit aux tribunaux et provoquer s'il y a lieu la destitution du tuteur. Le subrogé-tuteur pourrait même former une demande en séparation de corps au nom de l'interdit en vertu des pouvoirs généraux de l'article 450 combiné avec l'article 420 (1).

En ce qui concerne les biens, les droits du mari comme chef de la communauté ne sont aucunement altérés par sa qualité de tuteur. La femme tant que dure la communauté ne peut pas intervenir dans l'administration du mari. Pour ne citer qu'une des plus importantes conséquences de cette règle, le mari pourra, se dispensant de toutes les formes indiquées dans l'article 511, doter l'enfant commun en effets de la communauté (art. 1421-1438-1439). Le seul terme possible à la mauvaise administration du mari est la séparation de biens demandée par la femme lorsqu'elle est capable, et par son tuteur ou son subrogé-tuteur d'après les principes exposés en ce qui concerne la séparation de corps.

Parmi les biens de la femme il en est dont le contrat de mariage attribuait à la femme totalement ou en partie l'administration, l'interdiction transporte naturellement cette gestion au mari. Pour ces biens, le mari doit faire inventaire (article 451), se conformer aussi aux règles de la tutelle qui s'imposent encore à lui toutes les fois qu'il s'agit d'un acte qui dépasse ses pouvoirs de mari relativement à des biens

1. Caen, 26 juillet 1865. — Sirey, 1866, II, 197.

dont les conventions matrimoniales lui confèrent la jouissance.

II. — Vient maintenant notre seconde hypothèse : le mari est interdit, sa femme est sa tutrice. La femme était sous la puissance de son mari, elle n'avait jamais eu l'autorité, l'interdiction opère un véritable renversement des rôles et comme tutrice de son mari la femme va exercer sur lui une certaine autorité. Les limites de son pouvoir sont donc strictement délimités par les principes de la tutelle. L'article 509 va plus loin, il autorise le conseil de famille à régler les formes et les conditions de l'administration sauf le recours de la femme devant les tribunaux si elle se trouve lésée par l'arrêté de famille. Les opinions se divisent sur la portée de ce pouvoir réglementaire du conseil de famille.

Dans une première opinion ce règlement porte sur deux points (1). Le projet du Code civil proposé par les commissaires rédacteurs était d'abord ainsi conçu (2) : « La femme pourra être nommée tutrice de son mari. En ce cas le conseil de famille règle la forme et les conditions sous lesquelles l'administration doit être déférée à la femme, le tout conformément aux conventions matrimoniales qui règlent les droits respectifs des deux conjoints. La femme qui serait lésée par les règlements du conseil de famille, peut se pourvoir au tribunal de première instance du domicile

---

1. Demol. VIII, n° 599. — Locré. *Esprit du Code civil*, t. VI, art. 507.
2. Projet, liv. I, titre 11, art. 23.

du mari pour en demander la réformation. Le tribunal juge en dernier ressort. »

Le dernier alinéa disparut de l'aveu de tous les auteurs sur les observations des tribunaux d'appel de Nancy, de Paris et de Toulouse.

D'après Locré (1) la cour de Paris observa que les expressions « le tout... etc. » n'étaient pas intelligibles ; il faut convenir plutôt qu'elles n'indiquent pas assez, ajoute-t-il et il s'explique : « en effet le conseil de famille a deux opérations à faire :

« Il doit d'un côté déterminer avec précision quels droits les conventions matrimoniales donnent dans ces circonstances à la femme, quels droits elles laissent au mari ; le recours ouvert par l'article à la femme qui se croit lésée par le règlement intervenu, prouve que l'intention du législateur a été de donner cette attribution à la famille. »

« Le conseil de famille doit ensuite expliquer comment et dans quelle étendue les droits reconnus appartenir au mari seront exercés par la femme, car il pourrait n'être pas prudent de lui donner tout le pouvoir qu'a le tuteur. Il est possible aussi que, suivant la forme qu'a le patrimoine du mari, il faille établir des règles particulières d'administration, comme lorsque ce patrimoine se compose, en tout ou en partie, de manufactures, d'établissement de commerce, etc. »

« Puis Locré conclut : or la déclaration de la commission semblait borner le ministère du conseil de famille à la pre-

1. Locré, loc. cit.

mière de ces opérations. On l'a généralisée dans l'article 107 de manière qu'il devienne évident que le conseil de famille demeure autorisé à régler toutes les difficultés que l'interdiction du mari peut faire naître. »

Cette latitude est d'autant moins dangereuse, que si la femme croit devoir s'en plaindre, il lui est permis de porter sa réclamation devant les tribunaux.

Dans une autre opinion on répond : les discussions (1) ne disent rien de cette modification et les discours et rapports gardent le même silence. Nous remarquons cependant (2) que l'article 507 a été proposé dans sa teneur actuelle à la discussion du Conseil d'État. C'est donc sur l'observation du tribunal d'appel de Paris que sa première rédaction a été modifiée. Certains auteurs en ont accepté sur la foi de Locré un résumé un peu succinct, ce qui va nous obliger à la rétablir dans ses détails.

« L'article 29 du projet après avoir dit que la femme peut être nommée tutrice de son mari interdit ajoute : « en ce cas... etc. » On ne voit pas trop ce que les rédacteurs ont entendu par ces dernières expressions, ni quel est l'objet, ni comment les conventions matrimoniales et la détermination qu'elles contiennent des droits des conjoints peuvent influer sur le règlement de la forme et des conditions sous lesquelles l'administration de l'interdit doit être déférée à la femme. Nous croyons que cette clause « le tout... etc. » pourrait être retranchée sans inconvénients. »

1. Locré, t. VII. *Travaux préparatoires*, Fenet, tome.
2. Fenet, t. X, page 683.

Que l'opinion citée d'après Locré sur l'étendue des pouvoirs du conseil de famille se soit produite au milieu des
rédacteurs du Code, que le tribunal d'appel de Paris se soit
trompé sur le sens de la rédaction première du projet, c'est
possible ; mais il est certain qu'on a déféré à l'observation
du tribunal d'appel de Paris et que le texte de l'article 507
ne contient rien de relatif aux droits respectifs du mari et
de la femme. Ces droits sont établis par la loi et par le
contrat de mariage, conventions expresses ou tacites auxquelles il ne peut être apporté aucun changement ; le soin
de les interpréter quand il y a lieu appartient aux tribunaux
et nous ne voyons pas de quel droit le conseil de famille
s'en saisirait. L'article 507 concerne donc exclusivement la
gestion tutélaire. Dans son rapport au Tribunat, Bertrand de
Greuille s'exprimait ainsi (1). « La restriction qu'il contient (l'art. 507) est un préservatif contre l'inexpérience
ordinaire des personnes du sexe dans la régie des biens et
dans les affaires qui en sont la suite. » Et Tarrible présentant le projet à l'adoption du Corps législatif disait : « Les
auteurs du projet ont senti, qu'en retirant ainsi la femme
du cercle réservé des occupations domestiques pour l'élever
au gouvernement de la famille, il était prudent de l'envi-
ronner des sages avis de la parenté, qui demeurent néanmoins subordonnés eux-mêmes à la sagesse supérieure des
tribunaux. »

Les mêmes paroles nous apprennent l'étendue que tous
les auteurs du Code ont donnée au pouvoir du conseil de

1. Locré, t. VII, page 373, § 11.

famille de régler l'administration des biens. Demante (1)
se fondant sur ce que la femme va se trouver exercer, pour
le compte d'autrui, l'administration de ses propres biens
pense que peut-être on y pourrait trouver pour le conseil
de famille le droit d'accorder à la femme, eu égard à la
communauté d'intérêts, une administration plus libre que
celle d'un tuteur ordinaire, par exemple en la dispensant
de formes pour vendre le mobilier de la communauté. Nous
pensons qu'il ne s'agit que de restrictions. Les travaux
préparatoires nous l'ont indiqué et l'article 507 ne fait
aucune distinction entre les biens personnels du mari et
ceux de la communauté ; or les droits les plus étendus que
le conseil de famille puisse accorder à la femme sur les
biens du mari sont ceux qui résultent de la tutelle.

En cette qualité de tutrice la femme exercera les droits
que le mari tenait des conventions matrimoniales. Elle
administrera donc la communauté, mais sous la condition
de l'accomplissement de toutes les formes prescrites aux
tuteurs notamment pour l'inventaire et les aliénations.
Cependant, la femme n'aura pas besoin de l'autorisation
de justice pour toute espèce d'actes juridiques notamment
pour ceux où elle n'agit pas comme tutrice en vertu du
mandat que la loi lui confère, article 1370. C'est ainsi que
pour l'aliénation des biens de la communauté l'autorisation
de justice ne serait pas nécessaire (2), cependant il faudrait avoir recours à un avis du conseil de famille homolo-

1 Demante, t. II, n° 279 bis, page 349.
2. Toullier. t. II, n° 1344.

gué par le tribunal. Mais les principes généraux qui régissent l'incapacité de la femme mariée s'appliquent aussitôt que la femme cesse d'agir comme tutrice ; et l'autorisation de justice deviendrait nécessaire à la femme qui contracterait un emprunt dans son unique intérêt et pour subroger à son hypothèque légale (1). L'autorisation du mari eût été nécessaire dans ce cas, il faut donc suppléer par l'autorisation de justice à l'impossibilité où se trouve le mari d'autoriser.

L'autorisation de justice suffit, les conditions imposées aux mineurs ne sont pas requises puisque le mari est étranger à l'emprunt (2).

Comme dans toute autre tutelle, le conseil de famille règle la somme à laquelle pourra s'élever la dépense annuelle en proportion des revenus de l'interdit, des revenus des biens personnels de la femme dont le mari avait l'administration, des biens de la communauté.

Mais la direction de l'intérieur du ménage reste à la femme. En droit, la puissance paternelle continue d'appartenir au mari interdit ; en fait, elle est exercée par la femme. Nous ne croyons pas que ce soit comme tutrice, mais comme mère. Elle a en effet la puissance paternelle au même titre que le père, et si l'article 373 ne lui en donne pas l'exercice pendant le mariage, c'est qu'il suppose le mari en état de l'exercer pendant toute cette durée, articles 141 et 149 *a contrario*. Il faudrait, dans l'opinion

1. Poitiers, 17 juin 1846. Dalloz, 1847, II, 61.
2. Demante, t. II, n° 279 *bis*, IV, page 350.

contraire, dire que dans cette hypothèse malheureuse, la puissance paternelle ne serait pas exercée.

III. — Nous en avons terminé avec la seconde hypothèse et nous allons supposer un des époux interdit et un tiers nommé son tuteur.

Prenons d'abord l'hypothèse où le mari a été interdit pendant la durée du mariage, le mari administre la société conjugale avec un pouvoir absolu ; ce pouvoir passera au tuteur, bien entendu avec les limites que comportent la tutelle. Il comprendra les biens personnels du mari, les biens de la communauté, les biens personnels de la femme dont le mari avait l'administration en vertu du contrat de mariage.

On sait que la séparation de biens peut être demandée par la femme « dont la dot est en péril, et lorsque le désordre des affaires du mari donne lieu de craindre que les biens de celui-ci ne soient insuffisants pour remplir les droits et reprises de sa femme. »

On a soutenu que l'interdiction du mari autorisait la femme à demander la séparation de biens. C'était la doctrine des anciens auteurs. Nous ne pensons pas que le seul fait de l'interdiction du mari suppose le péril de la dot ni le désordre de ses affaires. Elle n'autorise donc pas une demande en séparation de biens qui priverait un mari peut-être très solvable des avantages résultant de son contrat de mariage.

La circonstance de l'interdiction prononcée pourra être

prise en considération dans une instance en interdiction d'ailleurs motivée.

Nous avons vu que le tuteur devenait administrateur de tous les biens de l'interdit, avait au moins l'administration, et que sous la surveillance du conseil de famille et du subrogé tuteur le soin de la guérison du défunt lui était confié.

Mais il ne faudrait lui attribuer au delà ni la puissance paternelle ni la puissance maritale.

Le père devenant incapable par interprétation de l'article 384, la mère en prend l'exercice tout le temps où le mari en est empêché ; quant à la puissance maritale et aux autorisations nécessaires à la femme, la justice supplée au mari, article 384.

III. — Enfin c'est un tiers qui est tuteur de la femme interdite. Le mari conserve la puissance maritale et la puissance paternelle. Il conserve la jouissance des biens de la femme sans que l'interdiction la modifie ; le tuteur prend l'administration des seuls biens que la femme administrait antérieurement.

Le tuteur se conforme aux règles sur la tutelle.

La tutelle des interdits cesse par les mêmes évènements que la tutelle des mineurs, mais la main levée de l'interdiction et la·mort sont les seules causes pour lesquelles elle cesse de la part des interdits. « *Ex parte tutoris*, l'article 508 nous indique une cause spéciale à la tutelle : « Nul, à l'exception des époux, ascendants et descendants, ne sera tenu de conserver la tutelle d'un interdit au delà de dix ans. »

La loi n'a pas voulu rendre cette charge gratuite trop oné-reuse. Ces dispositions s'appliquent au subrogé tuteur par application de l'article 426.

Le tuteur de l'interdit est seul en scène et représente l'interdit dans tous les actes de la vie civile ; c'est une con-séquence de l'identité de mécanisme entre la tutelle de l'in-terdit et celle du mineur.

Relativement aux actes l'incapacité organisée par le Code civil contre l'interdit est double ; l'une crée à l'égard des actes passés postérieurement au jugement d'interdiction une présomption invincible, l'autre établit une présomption lé-gale soumise à certaines distinctions pour atteindre rétroac-tivement les actes passés par l'interdit avant l'interdiction.

A. — ACTES POSTÉRIEURS A L'INTERDICTION

I. — Moment où commence l'incapacité de l'interdit.

L'interdiction a effet du jour de la prononciation du ju-gement indépendamment de toute signification, d'après l'ar-ticle 502 et les mesures de publicité prescrites par l'article 501 n'ont d'autre but que d'avertir les tiers. L'appel lui-même n'est suspensif que de l'exécution proprement dite, c'est-à-dire de la nomination d'un tuteur et d'un subrogé tuteur, article 505 Code civil et 457 Code de procédure, et non pour ce qui a trait à l'incapacité de la personne. De cette sorte on peut dire que l'incapacité existe dès le jugement de première instance « malgré l'appel qui en serait interjeté. »

L'arrêt de la Cour confirmera le jugement ou le réformera. En définitive l'interdiction sera prononcée, ou bien un conseil judiciaire sera donné, ou bien le défendeur sera purement et simplement renvoyé des fins de la demande.

Parcourons une à une les espèces qui résultent de ces deux ordres d'idées.

1. — La Cour confirme l'interdiction prononcée en première instance.

2. — La Cour rejette l'interdiction rejetée par le tribunal.

Aucune difficulté dans ces deux hypothèses, l'effet sera produit du jour du jugement.

3. — La Cour prononce l'interdiction rejetée par le tribunal : les effets de l'interdiction dateront du jour de l'arrêt.

4 et 5. — Nous n'avons pas à parler dans la matière de l'interdiction du rejet par la Cour de l'appel formé par le défendeur à qui le tribunal a nommé un conseil judiciaire, ni de la nomination d'un conseil judiciaire par la Cour à celui que le tribunal avait renvoyé purement et simplement.

6. — La Cour réforme et donne un conseil judiciaire à celui que le tribunal avait interdit. Nous pensons que dans l'espèce, l'incapacité a été celle qui est déterminée par l'article 499. On objecte il est vrai que la nomination du con-

seil est postérieure à l'arrêt de la Cour et que depuis le jugement jusqu'à l'arrêt l'incapable n'a pas de conseil. Selon nous, la nomination d'un conseil judiciaire est une interdiction partielle, une demi-interdiction dans le style des commentateurs ; d'où la conséquence que ses effets, comme ceux de l'interdiction totale, se produisent du jour du jugement. Si le défendeur était considéré comme capable pendant l'intervalle, sa situation le compromettrait gravement.

II. — *Formalités auxquelles est subordonnée l'application de l'article 502*

Quelques auteurs dont la Cour de cassation a reproduit la doctrine, ont soutenu que l'application de l'article 502 est subordonnée à l'observation des formalités prescrites par la loi.

Les articles 501 et 502 contiennent, selon eux, des dispositions corrélatives et la nullité de l'article 502 est la sanction des formalités de l'article 501.

Ces formalités et le délai intéressent d'ailleurs l'ordre public ; leur observation est donc une question de validité.

Enfin les tiers ne peuvent souffrir d'un jugement dont ils sont censés ignorer l'existence.

Nous ne voyons pas, en ce qui nous concerne, la corrélation entre les articles 501 et 502. Ces deux articles peuvent parfaitement se séparer. D'ailleurs l'article 502 le prouve dans son texte. C'est « du jour du jugement » que se produit l'effet de l'interdiction. C'est parler clair, la publicité n'est pas entrée dans les considérations du législateur.

L'article 501 n'intéresse l'ordre public qu'au titre où cela se produit pour toutes sortes de lois, mais l'intérêt de la société est loin d'être direct, il est très éloigné. Recherchons l'intention du législateur. L'article 501 vise un intérêt privé, celui des tiers et pas une protection sociale. Une nullité ne saurait se suppléer en dehors de conditions substantielles et constitutives d'un acte et dans ces cas la nullité doit être prononcée par la loi, article 1001. Or les formalités de l'article 501 ne pouvant être remplies que le jugement rendu, ne sont pas constitutives du jugement.

L'intérêt de l'interdit est bien aussi respectable que l'intérêt des tiers, il était nécessaire de ne pas abandonner l'interdit à la merci d'un parent seul chargé par la loi de remplir les formalités de l'article 501. La procédure d'interdiction, la publicité, les décisions préparatoires et définitives constituent une sorte de publicité. Les tiers qui auraient eu intérêt à cette publicité pourront agir en dommages-intérêts contre les personnes par la faute desquelles la publicité n'a pas eu lieu.

III. — *Caractère de la nullité prononcée par l'article 502.*

Aux termes de l'article 502 : « Tous actes passés postérieurement (au jugement de l'interdiction) par l'interdit, ou sous l'assistance du conseil seront nuls de droit ». Le sens littéral amènerait à conclure que ces actes n'ont aucune existence juridique. Il est cependant facile de démontrer que la nullité dont il s'agit ici est relative.

D'abord il résulte de la rédaction même que la cause de nullité est inhérente à l'acte même et n'est subordonnée à aucune condition de lésion ou autre. En outre on lit dans le rapport du tribun Joubert au Tribunat sur l'article 1305 : « Pour ce qui est des femmes mariées non autorisées et des interdits ils n'auraient besoin que d'invoquer leur incapacité (1) » et dans l'exposé des motifs de Bigot-Préameneu sur les articles 1124 et 1125 : « La loi n'admettant l'interdiction que pour cause de démence il est évident que les interdits sont incapables de s'obliger (2). »

D'un autre côté l'article 509 n'assimile que relativement à la tutelle le mineur et l'interdit, l'article 1305 ne parle en effet que des actes passés par les mineurs, et l'article 1312 s'explique nettement quant à la disposition qu'il veut rendre commune aux mineurs et aux interdits.

Il faut cependant classer cette nullité dans l'une des deux catégories établies par le Code civil article 1117 d'une part et article 1304 et suivants d'autre part ; les commentateurs distinguent ces nullités en absolues et en relatives. La difficulté vient de ce que l'article 1117 qualifie de nullités de plein droit celles qu'il oppose aux nullités relatives.

1. Fenet, t. 13, p. 371
2. Fenet, t. 13, p. 226

La nullité absolue diffère de la nullité relative à trois points de vue principaux :

1. — Toute personne intéressée peut invoquer la nullité absolue. La nullité relative ne peut être invoquée que par la personne en faveur de qui cette nullité a été établie.

2. — Aucun acte postérieur ne peut valider l'acte absolument nul : la partie qui peut invoquer une nullité relative peut ratifier l'acte annulable.

3. — Aucun laps de temps ne peut couvrir une nullité absolue. Le non exercice de l'action en nullité pendant dix années du jour où elle aurait pu être utilement exercée en amène l'extinction par prescription ce qui équivaut, dans la pratique, à la ratification tacite de l'acte.

Or d'après l'article 1125 : « Les personnes capables de s'engager ne peuvent opposer l'incapacité de l'interdit avec qui elles ont contracté » et d'après l'article 1304 : « L'action en nullité ou en rescision d'une convention dure dix ans à l'égard des actes faits par les interdits du jour où l'interdiction est levée. » Les caractères de la nullité relative s'appliquent donc aux actes de l'interdit. « Nuls de droit » signifient non pas nuls de plein droit mais annulables par ce fait même que leur auteur est incapable.

Ces dispositions sont logiques, l'état de la raison fait présumer l'individu incapable de donner son consentement ; mais l'état prévu par la loi n'est pas un état « continuel » il suffit qu'il soit « habituel ». Le législateur devait ou permettre aux juges d'examiner la question, en fait acte par acte et retomber dans toutes les difficultés de la loi ro-

maine ; ou·établir comme il l'a fait une présomption de
nullité, fondée sur l'état habituel, contre les actes de l'insensé. La présomption d'insanité d'esprit est le fondement
véritable de la nullité et non le fait même de cette insanité.
L'effet qui a paru le plus avantageux pour le législateur
c'est la nullité relative. Par elle l'interdit est protégé et le
préjudice qui peut en résulter pour les tiers est bien mérité :
c'est le châtiment de leur mauvaise foi ou au moins de
leur imprudence, quand ils n'ont pas pris sur l'état de la
personne avec laquelle ils contractaient des renseignements
suffisants. L'article 502 est donc pour les interdits un droit
commun. Quant à eux l'article 1108 est une exception.
La preuve exigée par cet article est beaucoup plus difficile
il faut établir le défaut de consentement au moment précis
de l'acte ce qui rend l'application exceptionnelle. Cependant nous ne croyons pas qu'il faille rejeter la preuve la
plus difficile pour permettre seulement celle qui se fait le
plus aisément.

L'article 502 a bien pu accorder à l'interdit une protection peut-être excessive en certains cas mais il n'a pas
pu faire perdre à celui qui a commis une imprudence la
faculté de la réparer d'après les principes les plus généraux
de notre droit. A notre avis la seule différence qui existe
entre celui qui contracte avec l'interdit et l'interdit lui-
même, c'est qu'au second il suffit de prouver par décision
de justice qu'habituellement le consentement lui fait défaut ; mais que le premier doit faire cette preuve acte par
acte pour le moment précis de leur confection.

Cherchons maintenant l'étendue de l'application de l'article 502. Il est certain qu'il s'applique aussi bien aux actes passés par l'interdit seul qu'à ceux où l'interdit aurait été assisté de son tuteur en dehors de la compétence attribuée à celui-ci par la loi.

La question difficile à résoudre est celle de savoir si l'incapacité de l'interdit est universelle. Les auteurs se sont divisés et la question est encore pendante. Les uns ont distingué entre les droits dont l'exercice peut être séparé de la jouissance et ceux dont l'exercice est essentiellement personnel. Dans leur opinion l'article 502 s'applique aux premiers et les autres peuvent être exercés par l'interdit, mais pendant les intervalles lucides seulement.

On invoque à l'appui de cette opinion le droit romain, l'ancien droit, la raison, l'humanité, la science, les textes et les principes.

Le *furiosus* pouvait à Rome, pendant les intervalles lucides faire son testament (1), faire l'adition d'hérédité et les autres actes permis aux hommes sensés (2).

Dans notre ancienne jurisprudence, malgré l'opinion contraire de Denisart (3), l'opinion générale était que l'interdit pouvait contracter mariage dans les moments où il revenait à lui (4). Joly de Fleury suppose dans ses plaidoyers que le testament n'est pas nul par cela seul que le

1. § 1. Inst. II, 12.
2. L. 6, Code V, 70.
3. Ancien Denisart, t. IV, *Testament*, 156, 157.
4. *Traité des minorités*, partie II, ch. 13, p. 475, 476.

testateur est interdit (1). On en déduit que les législations antérieures n'avaient pas retourné contre l'aliéné la protection accordée par la loi et qu'elles n'avaient point paralysé l'exercice des droits qu'il était en effet capable d'exercer. On ajoute : l'interdiction totale et absolue serait une inconséquence et une atteinte pleine de dureté et d'inhumanité au droit de reconnaître un enfant naturel, de se marier et de tester, d'un citoyen très capable en fait de consentir tous ces actes.

On développe les merveilles de l'intelligence pendant les intervalles lucides. On dit avec Esquirol et Pinel que « l'aliéné jouit alors de la plénitude de sa raison. » On emprunte à Broussais des exemples ; on dit enfin que faite dans l'esprit qu'on lui suppose, la loi dépasserait évidemment le but et tournerait son excessive protection en tyrannie, et l'on déclare qu'enseigner une pareille interprétation, c'est représenter l'interdiction comme une mesure oppressive et inhumaine et mériter la colère des philosophes et des médecins de talent.

Ces considérations préliminaires épuisées on aborde les textes. Les rédacteurs du Code civil n'ont pas voulu le résultat proposé par l'opinion contraire et ne l'ont pas produit. Aux termes de l'article 509 dit-on : « l'interdit est assimilé au mineur pour sa personne et pour ses biens, les lois sur la tutelle des mineurs s'appliqueront à la tutelle des interdits. » Cet article s'applique aux règles de la tutelle et parmi elles nous citerons l'article 450 ainsi conçu :

1. *Journal des Audiences*, arrêt des 11 mai 1703 et 10 juin 1704.

« Le tuteur prendra soin de la personne du mineur et le représentera dans tous les actes civils. » Or cet article ne comprend que les actes à l'égard desquels la représentation est possible, ce qui exclue le mariage, la reconnaissance d'enfant naturel, l'adoption, le testament.

Donc l'article 502 dit : « tous actes » mais ne s'applique qu'aux actes auxquels *l'interdiction* elle-même s'applique. On ajoute : il y a une indivisible corrélation entre les articles 450, 502 et 509 « tous les actes » faits par l'interdit ne sont déclarés nuls de droit que parce que les articles 450 et 509 déclarent que tous ces actes doivent être faits par le tuteur qui le représente. De l'un et de l'autre côté, on s'occupe des effets de la *tutelle* et dès lors on ne parle que des actes auxquels la tutelle s'applique ; on parle il est vrai de tous ceux-là ; mais aussi rien que de ceux-là.

Tels sont les arguments que comporte la question au point de vue général, nous exposerons ensuite un à un les éléments de décision spéciaux à chacun des actes dont nous nous occupons. Mais avant d'entrer dans ce détail, nous allons combattre successivement les arguments généraux de nos adversaires. Ils font eux-mêmes justice d'un de leurs arguments tiré des dérogations et des exceptions apportées au principe en matière de mariage et de testament par ceux qui défendent notre opinion. En effet, si quelques-uns n'ont pas osé affronter toutes les conséquences de notre doctrine, ce n'est pas elle que la critique peut atteindre, mais ses illogiques défenseurs. Ils reconnaissent, en outre, que l'argument historique en leur faveur n'est pas péremptoire et que les principes du droit nouveau ne sont pas ceux du droit ancien en matière d'interdiction. Dans les législations antérieures le fou était incapable d'une manière intermittente, notre législation a voulu que l'incapacité fût permanente et subsistât pendant les intervalles lucides. Les conséquences sont donc toutes différentes, et l'argument que la doctrine contraire en veut tirer prouve trop peu en voulant trop prouver. En effet, d'une part sous la législation romaine et l'ancien droit, la survenance d'un intervalle lucide faisait cesser l'incapacité, temporairement au moins la protection cessait aussi. D'ailleurs si l'on peut dire qu'empêcher le fou de faire certains actes pendant un intervalle lucide, c'est retourner contre l'aliéné la protection accordée par la loi, il faut le dire encore dans l'hypothèse où le tuteur peut représenter l'interdit. Le mal sera moindre, c'est vrai, parce que le tuteur peut agir, mais l'atteinte à la liberté de l'insensé reste la même. L'histoire ne peut donc servir à nos adversaires pour déterminer la portée de l'article 502. Que sais-je, nous pourrions peut-être invoquer en notre faveur l'histoire elle-même qu'on nous oppose. Ne lisons-nous pas dans l'exposé des motifs d'Emmery : « Vous apercevez, législateurs, la différence notable qui existe entre l'interdiction absolue et le simple assujétissement à prendre dans certains cas spécifiés, l'avis d'un conseil dans le rapport de Bertrand de Greuille ». « C'est ainsi que l'interdit ayant perdu la libre jouissance de sa personne et de ses biens doit nécessairement passer sous la puissance d'un tiers. »

Enfin le tribun Tarrible s'exprimait ainsi : « L'interdiction absolue est nécessaire à l'égard de l'insensé. Privé de l'usage de sa raison, il ne peut connaître les rapports de justice, de convenance ou d'intérêt que peuvent présenter les divers objets, il ne peut apporter dans les actes civils ce discernement de la volonté qui en forment l'essence. La nature, en le jetant dans ce déplorable état, a opéré son interdiction dès avant qu'elle soit prononcée par un jugement. Cet être infortuné, replongé dans des ténèbres plus épaisses que celles de l'enfance, doit être remis sous la conduite d'un tuteur qui .prévoie et agisse pour lui. » Et plus loin : « L'interdiction ne détruit pas l'état civil, mais elle en suspend l'exercice relativement aux actes qui exigent le concours de la volonté ou du consentement de celui qui en est frappé (1). » Dans tous ces rapports, dans tous ces discours nous n'avons pas la moindre mention d'une exception en faveur des actes que l'interdit doit faire seul.

Viennent ensuite des reproches qui s'adressent bien plus directement au législateur qu'aux interprètes de la loi. Nous n'en sommes pas à discuter ce que la loi pouvait faire de plus raisonnable relativement à la tutelle des interdits, mais à interpréter ce qu'elle a fait ; or je ne vois dans aucun texte relatif à notre matière qu'il ait été fait

1. Fenet, t. X.

distinction entre les actes de suivant que l'exercice est ou non séparable de la jouissance des droits.

En outre on est quelque peu surpris de voir les mêmes auteurs soutenir dans un même traité l'indépendance entre le médecin et le jurisconsulte, voire même le législateur, et vouloir nous contraindre d'entrer dans des considérations médicales pour apprécier une législation à laquelle ces considérations sont restées étrangères de l'aveu même de nos adversaires. Nous admettons de la part des médecins, des philosophes et des jurisconsultes anciens les opinions les plus favorables aux fous, nous admettons que dans une législation qui tiendrait compte des intervalles lucides ce serait la tâche de magistrats, éclairés s'il le faut des lumières de la science, de distinguer le repos véritable du repos apparent, mais nous ne croyons pas que ce soit l'hypothèse où nous sommes par rapport à notre législation.

Il est vrai que l'article 489 décide qu'il y a lieu à interdiction même pendant les intervalles lucides, mais les effets de cette interdiction ne sont pas déterminés dans cet article. D'un autre côté, on ne peut exiger de ceux qui prétendent que les actes où les interdits ne peuvent être représentés sont en dehors des effets de l'interdiction, la mainlevée de l'interdiction, puisqu'à leur avis cette mainlevée est absolument sans effet. Il s'agit donc uniquement de prouver que les actes en question sont compris dans l'article 502. Nous allons essayer de le démontrer : « Tous actes passés postérieurement par l'interdit, ou sans l'assistance du con-

seil seraient nuls de droit. » Le texte est absolu et rien
n'en est excepté.

On objecte que l'article 472 parle aussi de « tout
traité », mais n'est jamais entendu que des traités relatifs
à la tutelle. S'il en est ainsi, c'est que dans l'article 2045
in fine ainsi conçu : « et il (le tuteur) ne peut transiger
avec le mineur devenu majeur, sur le compte de tutelle
que conformément à l'article 472 au même titre » ; les
mots « sur le compte de tutelle » ne peuvent avoir de sens
que si le sens de l'article 472 est limité.

Le sens de l'article 502 est de même, à notre avis,
limité par les articles 499 et 513 qui deviendraient incom-
préhensibles si la personne à qui un conseil judiciaire est
nommé était absolument incapable d'agir sans le concours
de ce conseil.

En un mot nous ne pouvons faire échapper l'article 502
à la règle d'après laquelle la portée d'un article se détermine par l'ensemble de la loi : « *Incivile est, nisi tota
lege perspecta, judicare.* » L'article 450 lui-même nous
est opposé parce qu'on lui fait subir cette même règle. Cet
article se trouve au titre *De la minorité et de la tutelle*, et
pour l'interpréter il faut le faire entrer en combinaison
avec les autres textes de la matière. Nous consentons à
admettre qu'en vertu de l'article 509, l'article 450 restreint
est applicable aux interdits, mais nous ne pouvons en conclure que cet article ait pour effet d'enlever à l'article 502
un sens plus général. Nous disons avec nos adversaires :
l'article 502 s'applique aux actes auxquels l'interdiction

s'applique, l'article 450 ne parle que des actes auxquels la tutelle s'applique ; mais nous nous séparons en ce que, selon nous, l'article 502 contient l'article 450 sans être limité par lui. La preuve que l'article 502 dit l'article 450 et plus, c'est que le Code civil aurait des textes inexplicables sans les restrictions apportées par les commentateurs au sens de l'article 450, comme à celui de l'article 502 lui-même au premier point de vue auquel nous l'avons examiné, comme à l'article 472. Mais nous ne saurions atténuer sans texte le sens de la formule si générale de l'article 502.

Nous terminons en observant que cette opinion a sur celle qu'on lui oppose l'avantage de ne pas laisser se faire sans contrôle les actes qui intéressent au plus haut point l'ordre social, tandis que les actes les moins importants seraient soumis à un droit rigoureux.

C'est ainsi que nous sommes amenés à examiner dans les détails ce que deviendront après l'interdiction, le mariage, la reconnaissance d'enfant naturel, l'adoption, les donations et le testament.

Dans une opinion, soutenue par MM. Demolombe (1) et Aubry et Rau, aucune disposition de la loi n'indique que l'interdiction emporte par elle-même la nullité du mariage de l'interdit. L'article 502, littéralement même, ne s'applique pas au mariage ; on n'a jamais dit d'une personne qui se marie qu'elle « passe un acte ». Cet article

1. Demolombe, t. I, nᵒˢ 127-129. — Aubry et Rau, t. V, p. 10 à 12 ; 30 à 32 ; 90 à 91. — Valette. *Explication sommaire*, p. 363.

a surtout en vue les actes de gestion, d'administration du patrimoine et qui peuvent être aussi valablement faits par le tuteur que par l'interdit. En effet, l'article 502 est la résultante de l'article 489 aux termes duquel « le majeur qui est dans un état habituel d'imbécillité, de démence ou de fureur, doit être interdit », et de l'article 509 d'après lequel « l'interdit est assimilé au majeur pour sa personne et pour ses biens » et de l'article 450 qui dit : « Le tuteur prendra soin de la personne du mineur, et le représentera dans tous les actes civils. » Or, il est évident que cette représentation n'est possible que dans les termes où la représentation du mineur par le tuteur est permise par la loi. L'article 502 dit aussi « tous actes » le sens de cette expression est donc déterminé par celui de l'article 450, et ne s'applique qu'aux actes dans lesquels l'interdit peut être représenté par son tuteur. Nous l'avons vu, il y a tout avantage sans inconvénient puisque l'acte se fait par le tuteur et le mandataire, mais ce serait frapper l'interdit d'une mort civile que de le déclarer toujours et quand même incapable des actes qui ne peuvent être faits que par lui seul.

Logiquement il faudrait appliquer aussi toute la théorie de l'interdiction, l'article 1304 par exemple, et donner à l'interdit dix ans à compter de la mainlevée de l'interdiction, pour demander la nullité d'un mariage par lui contracté même pendant un intervalle lucide ; l'acte serait annulable. On transporterait ainsi contrairement à toute règle juridique des dispositions étrangères dans le titre du mariage où tout

est réglé et prévu d'une manière spéciale et complète dans
le chapitre I.

L'article 146 déclare qu'il n'y a pas de mariage sans
consentement, mais il ne prouve rien sur la question ; l'article 502 ne s'appliquant pas un mariage à défaut de toute
présomption légale d'incapacité de consentir, l'existence du
consentement pour l'interdit et la validité ou la nullité du
mariage doit être appréciée en fait eu égard aux circonstances.

Aux termes de l'article 174, la démence est un obstacle
au consentement, et l'opposition fondée sur ce motif doit
afin de prouver la démence poursuivre l'interdiction, mais
il ne s'ensuit pas que seule et indépendamment de la démence l'interdiction constitue un empêchement.

L'article 175 est la preuve de ce qu'avancent les parti-
sans de cette opinion ; il serait en effet inexplicable que de
l'autorisation du conseil de famille dépendît l'opposition par
le tuteur à un mariage nul et inexistant et pas seulement
annulable. Le mariage de l'interdit n'est donc pas absolument défendu.

D'ailleurs on ne pense pas que l'argument tiré des diverses rédactions successivement adoptées et retranchées puisse
changer l'autorité législative des articles et créer une incapacité qui ne s'y trouve pas écrite, auquel cas le résultat seul
est certain, légal, obligatoire. Surtout que les travaux préparatoires contiennent en la matière qui nous occupe des
absurdités, sinon des contradictions. Dans la séance à la
suite de laquelle fut supprimé l'article 3 du projet de la

commission, il ne fut question que du sourd-muet, on s'é-
leva de plusieurs côtés, contre la disposition qui déclarait
les sourds-muets incapables de contracter mariage, « Le
mariage étant un contrat, dit le premier consul, et tout contrat se formant par le consentement, on conçoit que celui
qui ne peut exprimer son consentement ne peut se marier, »
De ces paroles comme du reste de la discussion il résulte
qu'il a été question uniquement du consentement de fait.

Quand, après cette discussion, le consul Cambacérès proposa de supprimer l'article et déclara que « les dispositions
qu'il contient ne sont que des conséquences naturelles de
la règle générale, qui exige pour le mariage un consentement valable », on se croit en droit de conclure qu'on s'est
occupé uniquement du consentement naturel et que le mariage était défendu à l'interdit à cause de sa démence et
non de l'interdiction.

La communication officieuse du projet au Tribunat a lieu,
celui-ci demande qu'un article établisse cette règle certaine
que « l'interdit pour cause de démence est, en fait de mariage, hors d'état de donner un consentement valable, lors
même qu'il aurait des intervalles lucides. » L'amendement
fut rejeté.

On refusa d'admettre que ce soit par le même motif qui
avait fait rejeter l'article 3 du projet : on invoqua la
multitude de rejets non motivés, de projets présentés et on
conclut ainsi en rejetant l'opinion contraire : « Le Tribunat avait demandé que l'interdit pour cause de démence ou
de fureur fût déclaré absolument incapable de contracter.

mariage, même pendant un intervalle lucide. Mais cette demande ne fut pas accueillie ; et l'article proposé par le Tribunat n'a pas passé dans le Code. Il faut en conclure que l'interdiction ne forme pas par elle-même un empêchement dirimant au mariage. » Maintenant que le conseiller d'État Emmery ait déclaré dans l'exposé des motifs, que l'interdit ne peut se marier, c'est une déclaration toute personnelle, et le doute subsiste s'il est incapable à cause de son état de démence ou si l'interdiction le rend toujours et quand même incapable de se marier.

Dans cette opinion le sens qu'on donne à la discussion est plus conforme à l'ancien droit. L'interdit pouvait alors, d'après l'opinion générale, se marier pendant un intervalle lucide. A l'autorité de Pothier (1) et de Despeisses (2) ajouter celle d'Augeard (3) et d'Aguesseau (4). Tous les moyens et renseignements usités en pareil cas servaient à reconnaître les intervalles lucides ; le caractère et les circonstances de l'acte devaient surtout être examinés. Si l'acte qui fait le sujet de la contestation, disait Ricard, ne contient rien qui ne soit dans l'ordre, et qu'une personne avisée n'ait dû faire, c'est un grand motif pour en ordonner la conservation (5). » On procédera par anologie de l'article 504.

Quant à la jurisprudence, nous allons voir aussi comment M. Demolombe s'en explique. « J'ai remarqué, dit-il,

1. *Contrat de mariage*, n° 92 ; *des oblig.*, n°s 50, 51.
2. T. I, p. 276.
3. Arrêts notables, t. I, *quest.* 60, p. 126.
4. Plaidoyer du 15 mars 1798.
5. *Des donations*, première partie, ch. 3, sect. 3, n° 153.

dans la doctrine et dans la jurisprudence beaucoup d'hési-
tations et d'incertitudes, aussi ai-je eu quelque peine à
classer, comme j'essaie toujours de le faire, les différentes
autorités dans chacune des opinions qui se sont produites,
autorités sur la question plus souvent encore que pour ou
contre. Je crois que nous sommes ici dans un état de lutte,
d'épreuve, de transition peut-être, la présomption d'incapacité générale et permanente, qui d'abord régnait sans
partage (1) me paraît perdre du terrain ; les deux récents
arrêts de la Cour de cassation sur les sourds-muets (2) et
sur les interdits (3) attestent l'avènement d'une théorie plus
philosophique et plus humaine, justifiée d'ailleurs suivant
la remarque de M. Dalloz (4), par les progrès de notre
pratique judiciaire, aujourd'hui presque partout si intelli-
gente et si habile. »

Nous ne saurions trouver en moins de mots, et dans
le écrits d'un homme, à qui nous devons tant de développements en faveur de la doctrine nouvelle de la Cour de
cassation, la plus complète réfutation de son système. Il
peut en effet se résumer en l'aveu d'un défaut d'harmonie
entre l'état actuel de notre société et les lois qui, faites dès
le commencement du siècle, existent encore pour la gouverner ; et la constatation des efforts de la pratique pour
mettre les idées modernes en rapport avec le texte ancien.
C'est faire œuvre de législateur et non de jurisconsulte.

1. Cass. 28 déc. 1831. — Dalloz, 1832, I, 358.
2. Cass. 30 janv. 1844. — D. 1844, I, 102.
3. Cass. 12 nov. 1844. — D. 1845, I, 246.
4. Dalloz, 1845, I, 98.

Cette observation en faveur de l'opinion première de la Cour de cassation nous mène à la discussion des divers arguments proposés par nos adversaires.

Si l'article 502 « tous actes passés » ne doit s'entendre que dans son sens littéral, il sera encore bien plus restreint que l'opinion, combattue par nous, ne le suppose. En effet article 1101 « le contrat est une convention » article 1108 « quatre conditions sont essentielles pour la validité d'une convention : le consentement, la capacité, l'objet la cause. » L'acte écrit n'est plus exigé pour la presque totalité des conventions et cependant il est indiscuté que l'interdit ne peut faire aucun acte d'administration, qu'il en ait ou non rédigé un écrit. Nous repoussons également l'interprétation de l'article 502 par l'article 450.

D'abord l'article 450 emploie les termes de l'article 488 « tous les actes civils » dit le premier, « tous les actes de la vie civile », dit le second, et nous ne croyons pas que personne ait jamais songé à donner à l'article 488 le sens restreint de l'expression presque identique de l'article 450. La conclusion suit nécessairement : l'article 489 nous dit que dans les cas par lui déterminés le majeur est interdit, et l'article 502 que les actes passés par l'interdit sont nuls. L'enchaînement des idées est bien net avec les deux premiers articles du titre. Plus tard le moyen de remédier à cette nullité est étudié, mais l'article 509 ne vient qu'à une certaine distance et presque comme conséquence plutôt que comme principe de l'article 502. La conséquence en est que sur la distinction faite par l'opinion opposée, nous croyons plus conforme à l'esprit de la loi de dire avec Duranton :

« Lors même que la discusion élevée au Conseil d'État sur la rédaction de l'article 146 ne nous apprendrait pas que l'interdit pour cause de démence d'imbécillité ou de fureur, ne peut valablement contracter mariage, aucun doute raisonnable ne pourrait s'élever à cet égard, d'après l'article 502 qui porte que « tous les actes consentis par l'interdit postérieurement au jugement d'interdiction sont nuls de droit » (1). Et voici la raison que donne Bugnet (2) : l'interdiction dans nos lois nouvelles est précisément prononcée pour ne plus être obligé de rechercher, en fait, si telle personne jouissait ou non de ses facultés intellectuelles au moment où tel acte a eu lieu. L'incapacité légale est continuelle et permanente jusqu'à la levée de l'interdiction. Qu'on n'allègue pas l'importance du mariage, car plus les conséquences de ce contrat sont graves et perpétuelles, plus aussi il est nécessaire que les conditions de son existence se trouvent réunies. »

On voit par là que le dissentiment est plutôt apparent que réel parmi ceux qui adoptent notre système et que la valeur de l'article 146 dans la question n'est pas mise en doute. Quelle est maintenant la portée de cet article ? De l'aveu de presque tous les jurisconsultes et spécialement de M. Demolombe, en matière de reconnaissance d'enfants naturels, la reconnaissance du père avec l'indication et l'a-

1. Duranton, t. II, n° 27.
2. Pothier, t. VI, n° 92, n. 2.

veu de la mère est sans effet à l'égard de celle-ci : de leur
aveu encore le legs de la chose d'autrui est valable lorsque le testateur explique clairement que la chose léguée
n'est pas à lui.

Pour empêcher d'argumenter *a contrario* de l'article 326
et de faire l'application littérale de l'article 1021, il a suffi
de l'historique du premier article et d'une phrase de
Treilhard pour fixer le sens de l'un et de l'autre. La discussion complète de l'article 146, rapportée par Fenet (1)
et par Locré (2), n'aurait-elle pas assez de force pour
fixer le véritable sens d'un article trop concis? Le projet
du Code civil, avait au tome V, chapitre I, un article por-
tant que « l'interdit pour cause de démence ou de fureur,
est incapable de contracter mariage. » A l'examen des
cours de justice, ce principe ne rencontra pas de contradicteurs ; la disposition fut admise par toutes. Mais un des
commissaires du tribunal de cassation la trouva trop bornée. Sur cet article, un membre a rappelé que les anciens
principes d'après lesquels l'interdiction pour cause de démence ou de fureur, à la différence de l'interdiction pour
cause de prodigalité, produisait incapacité du jour où la
démence ou fureur était prouvée avoir existé, et non du
jour où l'interdiction était prononcée ; il a fait observer que
l'homme en fureur ou en démence était, avant même qu'il
fût interdit, incapable de donner un consentement valable ;
mais la commission, rassurée par les autres précautions

1. T. IX, p. 12. — T. II, p. 38, 455.
2. T. IV, p. 312, 322, 451.

dont la célébration des mariages est environnée, a maintenu l'article, et s'est bornée à recueillir l'observation.

Sans faire aucune remarque, la section de législation du Conseil d'État présenta l'article au Conseil tel qu'il était dans le projet. La règle qu'il exprimait ne fut pas contredite, et l'on reconnut qu'elle était juste, mais le consul Cambacérès proposa de supprimer l'article. Les dispositions qu'il contenait, disait-il, n'étaient que des conséquences naturelles de la règle générale qui exige pour le mariage un consentement valable. L'article fut retranché.

On sait que d'après la Constitution de l'an VIII, le projet au Conseil d'État était directement présenté au Corps législatif qui le communiquait officiellement au Tribunat, lequel après l'avis, discuté en assemblée générale, émettait un vœu pour ou contre. Le premier qui lui fut ainsi présenté fut repoussé, et le Corps législatif consacra son avis. Le second projet allait subir le même sort : le gouvernement sentit alors la nécessité de prendre une autre marche que celle qui avait été suivie jusque-là.

Après avoir déterminé le Tribunat à se diviser en sections, il prit un arrêté par lequel il décida qu'avant de porter au Corps législatif le projet arrêté du Conseil d'État, il pourrait, s'il le jugeait convenable, le communiquer préalablement à la section du Tribunat que concernerait le projet. Cette communication préalable fut appelée officieuse. « Le Tribunat, dit à ce propos Mourlon, faisait des observations, proposait des amendements ; il conférait avec le Conseil d'État et on finissait toujours par s'en-

tendre » (1). Or, il arriva que le Tribunat, lors de la communication officieuse du projet du titre de la Majorité, de-
manda un article « qui établit comme règle certaine que
l'interdit pour cause de démence est, en fait de mariage.
hors d'état de donner un consentement valable lors même
qu'il aurait des intervalles lucides. » Ce que nous trouvons
sur les préliminaires de cette suppression, sur le but de la
communication officieuse et son effet nous permettent
beaucoup plutôt de conclure en faveur de la seconde
opinion que de celle qu'on lui oppose, et où l'on préfère
ignorer les raisons du rejet de la proposition faite par le
Tribunat, à examiner la vraisemblance de ces motifs.

En faut-il davantage, poursuivons la théorie sous tous les
aspects de la confection des lois. Emmery présente au Corps
législatif le titre de l'interdiction et s'exprime ainsi sur les
différences entre l'interdit et celui à qui un conseil judiciaire est nommé. « Ceux auxquels on nomme un conseil
ne sont pas incapables des actes de la vie civile. Ils ne
peuvent s'obliger, en contractant dans les cas prévus, sans
l'assistance de leur conseil ; mais en général ils sont habiles
à contracter, ils peuvent se marier, ils peuvent faire un testament ; ce que ne peuvent pas les interdits pour cause
d'imbécillité, de démence ou de fureur. » L'opinion de
M. Emmery était donc bien nette, et c'est être un peu
sévère que de la limiter à une opinion personnelle, comme
s'il l'avait émise au cours d'une discussion. Cette discussion avait déjà eu lieu, et, probablement qu'avant de faire

1. Mourlon, t. I, n° 33, note 2.

cet exposé de motifs Emmery y avait assisté. D'ailleurs cette opinion est en rapport avec les documents que nous venons de citer.

L'argument tiré de l'article 174 n'est pas non plus sans valeur : d'après cet article, « lorsque l'opposition est fondée sur l'état de démence du futur époux, cette opposition dont le tribunal pourra prononcer la mainlevée pure et simple ne sera jamais reçue qu'à la charge par l'opposant de provoquer l'interdiction. Le fait de démence peut se prouver isolément, l'interdiction exige la preuve d'un état habituel de démence, c'est-à-dire d'une succession de faits de démence assez rapprochés les uns des autres. Ces faits doivent être articulés, c'est-à-dire indiqués un à un, article 493. Les faits compris dans l'articulation sont suffisants pour permettre l'opposition au mariage. Dans les mêmes cas où ils suffisent à motiver l'interdiction, ce rapprochement entre les deux matières nous montre bien que l'idée sur laquelle repose notre opinion a été admise par le législateur, puisque partout nous en trouvons des traces, et nous pensons qu'on ne saurait en faire abstraction sans retirer à l'article 172 son ensemble et sa portée.

Quant à la difficulté de l'article 175, elle n'est pas tranchée par nos adversaires, et M. Demolombe en essayant de formuler une doctrine sur cet article n'a pu donner une explication qu'il soit possible d'appliquer au mineur émancipé les seuls qu'on mette en curatelle. Peut-être faut-il en chercher une raison plus pratique. La préoccupation dans laquelle s'est trouvé le législateur lors de la discussion des

articles 174 à 176, d'écarter avec une prévoyante sollici-
tude les obstacles suggérés au mariage par des passions in-
discrètes (1). Nous croyons donc avoir suffisamment prouvé
que l'interdiction judiciaire est un empêchement au mariage.

Nous avons à nous demander maintenant ce qu'il faut
penser relativement à la faculté de disposer de ses biens
par actes entre-vifs ou par testament. Cette question a divisé
les auteurs en trois groupes : le premier soutient que l'interdit peut pendant un intervalle lucide disposer de ses biens
par donation ou par testament, le second au contraire que
l'interdit en est absolument incapable et le troisième permet la donation, défend le testament pendant un intervalle
lucide.

Dans le dernier système on établit la distinction sur l'article 905 aux termes duquel la femme mariée a besoin
d'autorisation du mari pour la donation et pas pour le testament. Sur l'article 513, d'après lequel l'individu soumis
à un conseil judiciaire peut tester mais pas donner. Enfin
sur les articles 903 et 904 qui permet au mineur de seize
ans, de tester pour partie de ses biens mais pas de donner.
On en a conclu qu'à leur exemple l'un pouvait être permis
à l'interdit et pas l'autre.

Nous ne voyons pas que les articles cités puissent nous
permettre une pareille interprétation, d'autant plus que quelle
que soit d'ailleurs l'opinion qu'on admette sur l'article 502
la donation et le testament sont deux actes où la représen-

1. Fenet, t. IX, p. 120, 121, 188 et 205.

tation par un tiers n'est pas possible. Enfin l'analogie n'est pas, entre le mineur et l'interdit : la durée du mal ne fait rien augurer sur l'état de la raison.

Les arguments généraux tirés pour l'ensemble de notre matière des articles 502 et 503 ont eu leur réponse et nous n'y reviendrons plus.

A ces arguments la première opinion reconnaît que l'article 504 n'est applicable ni aux donations ni au testament, elle en conclut que l'article 502 n'est pas plus applicable aux libéralités puisqu'il est la règle dont les deux articles suivants sont le développement.

Nous ne croyons pas possible d'accepter ce raisonnement. Nous reconnaissons les différences qui existent les articles 901 et 504 et le rapport entre 504 et 502, mais les relations de ces trois articles entre eux ne sont pas identiques. L'article 901 est une exception à l'article 504, il fait que la condition d'un esprit sain est indépendante de l'interdiction ; mais sa disposition n'a rien de contraire à celle de l'article 502. La démence vérifiée, l'interdiction d'un individu prononcée, fournissent la preuve légale qu'il n'a pas l'esprit sain, et qu'il est de toute manière incapable de disposer.

B. — ACTES ANTÉRIEURS A L'INTERDICTION

La cause de l'interdiction précède toujours le jugement qui la prononce : aussi eût-il été bien rigoureux de laisser

sous l'empire du droit commun les actes antérieurs à ce
jugement, d'un autre côté, on ne pouvait les déclarer nuls
de plein droit sans méconnaître les droits des tiers. La solution du législateur est intermédiaire : « Les actes antérieurs à l'interdiction pourront être annulés, dit l'article
503, si la cause de l'interdiction existait notoirement à
l'époque de la confection de ces actes. Le jugement d'interdiction a donc un effet rétroactif en ce sens qu'une fois
prononcé un état habituel et notoire d'aliénation mentale
chez l'auteur de l'acte attaqué il n'est pas nécessaire de
prouver que l'acte a été fait dans un moment précis d'insanité. En principe l'article 503 est aussi général que l'article 502. Cependant, il est des hypothèses qui ont divisé
la doctrine et la jurisprudence. On s'est demandé si l'article 503 était applicable aux jugements rendus contre une
personne dont l'interdiction est ensuite prononcée ; on a
aussi discuté le point de savoir si la prescription n'est point
suspendue en faveur des insensés dont la démence est notoire comme en faveur des interdits.

D'après la jurisprudence (1) les jugements et significations faites à l'aliéné ne sont pas prévus par l'article 503.
Les motifs sont le caractère exceptionnel et inextensible
par conséquent de l'article 503, et l'absence de toute coopération des parties au jugement. On ajoute qu'il ne dépend pas des tiers que l'aliéné non interdit ait un représentant, et que par conséquent il faut bien agir contre lui

1. Poitiers, 1 février, et 31 août 1842 ; Douai, 18 février 1848.

directement tant qu'en droit sa capacité soit atteinte. La doctrine contraire nous paraît cependant préférable.

L'article 502 et l'article 503 parlent des actes de l'interdit et ne font pas de restriction. En outre s'il est vrai que les parties ne sont pour rien dans la rédaction des jugements prononcés contre elles, il est certain que ces jugements dépendent des éclaircissements donnés par les parties aux tribunaux ; or les juges peuvent n'avoir pas été suffisamment renseignés par l'interdit. D'ailleurs bien que l'adversaire de l'interdit n'ait pas le pouvoir de provoquer l'interdiction, il est cependant protégé par le jugement même rendu à son profit. Cette décision deviendra plus difficile à annuler par le fait qu'elle rendra presque impossible les preuves du demandeur en annulation ; l'existence de la notoriété de l'interdiction à l'époque où l'acte a été fait d'une part, et que d'autre part l'annulation même après la preuve faite est laissée à l'arbitrage du juge.

Nous pensons aussi, en ce qui concerne la prescription, que l'article 503 lui est applicable et en suspend le cours. Il est vrai que l'article 2252 ne la suspend qu'au profit de l'interdit. Tel est aussi le sens de la jurisprudence (1). Nous remarquerons que dans la même opinion l'article 503 n'est souvent qu'une application de l'article 1382 et forme une règle distincte de celle qui est posée à l'article 2252 (2). Il était du reste difficile à l'occasion de ce dernier article de

1. Douai, 17 janv. 1845, D. 1845, 2, 277, Grenoble, 6 mai 1865 ; Cass. 31 déc. 1866, S. 1867, 1, 153.

2. Demol. t. 8, n° 658 *in fine*.

récapituler les phases diverses de la procédure en interdiction et on y a prévu le cas où la preuve serait plus facile ce
qui nécessairement le rendrait plus fréquent.

Il n'y a du reste aucun argument à tirer de l'article 39
de la loi du 30 juin 1838 aux termes duquel : « Les actes
faits par une personne placée dans un établissement d'aliénés, pendant le temps qu'elle y aura été retenue, sans que
son interdiction ait été prononcée ni provoquée pourront
être attaqués pour cause de démence conformément à l'article 1304 du Code civil ; cet article, en effet, à la différence
du nôtre suppose une personne non interdite mais placée
dans un établissement d'aliéné sans que son interdiction ait
été même provoquée.

§ 5. — *Fin de l'interdiction.*

A la différence du droit romain, mais d'après les erre-
ments de notre ancien droit, l'article 512 dispose. « L'interdiction cesse avec les causes qui l'ont déterminée : néanmoins la mainlevée ne sera prononcée qu'en observant les
formalités prescrites pour parvenir à l'interdiction, et l'interdit ne pourra reprendre l'exercice de ses droits qu'a-
près mainlevée. »

La cessation de l'état habituel de démence, imbécillité ou
fureur voilà la cause de la mainlevée et cette cause est
suffisante, quand même il resterait encore certains intervalles de folie.

L'article 512 n'explique pas quels seront le demandeur et le défendeur de l'action en mainlevée. Quant au demandeur, l'article 512 ne renvoie pas à l'article 490. Plusieurs jurisconsultes pensent que la demande sera intentée par l'interdit ; mais la Cour de cassation décide « qu'à la vérité, l'article 512 du Code civil dispose que la mainlevée de l'interdiction ne sera prononcée qu'en observant les formalités prescrites pour parvenir à l'interdiction ; et qu'en appliquant cette disposition, l'article 896 du Code de procédure porte que la demande en mainlevée doit être instruite et jugée dans la même forme que l'interdiction ; mais que des termes de cet article, on ne peut conclure que la demande en mainlevée doive être nécessairement formée contre le tuteur de l'interdit, mais seulement que les formalités prescrites pour l'instruction et le jugement de la demande en interdiction, et notamment celles indiquées par les articles 494, 496 et 498 doivent être observées ;... et que par cela même que ces formalités sont seules requises pour obtenir la mainlevée, il s'en suit que, lorsqu'elles ont été observées, le conseil de famille et le ministère public sont les véritables contradicteurs sur cette demande, et les seuls qui soient nécessaires aux termes de la loi. » La première opinion semble répugner à cette idée qu'en justice l'interdit est toujours représenté par son tuteur.

Nous voyons comment le même arrêt a répondu à la question de savoir quel est le défendeur à l'action en mainlevée. Nous n'adoptons pas l'opinion d'après laquelle

1. Cass. 12 février 1816. — S. 1816, 1, 217.

le tuteur représentant le mineur est un légitime contradicteur à l'action, en mainlevée.

Le tribunal compétent sera celui du domicile de l'interdit.

Les formalités sont celles de la demande en interdiction. Cependant l'article 512 n'exige pas la même publicité pour le jugement de mainlevé ; il est plus utile de
savoir quelqu'un incapable que de connaître sa capacité.

*Actes de la personne dont l'interdiction n'a été ni obtenue
ni provoquée avant sa mort.*

Il ne suffit pas qu'une personne ait passé pour capable
toute sa vie, qu'on n'ait jamais intenté contre elle aucune
action en interdiction ou que les demandes à cet effet aient
été rejetées pour que les actes par elles faits soient à l'abri
de toute discussion relativement à l'état mental de leur
auteur. L'article 504 le prouve en décidant ce qui suit :
« Après la mort d'un individu, les actes par lui faits ne
pourront être attaqués pour cause de démence, qu'autant que son interdiction aurait été prononcée ou provoquée
avant son décès à moins que la preuve de la démence ne
résulte de l'acte même qui est attaqué ». Pour savoir dans
quels cas et de quelle manière pourront être annulés les
actes passés par une personne décédée, il faut donc distinguer
si cette personne a été interdite ou si elle ne l'a pas été.

Dans le premier cas les héritiers feront annuler les actes

postérieurs en vertu de l'article 502, et les actes antérieurs en vertu de l'article 503. Dans le second, les héritiers de l'aliéné ne pourront faire annuler les actes passés par leur auteur qu'autant que la démence ressortira de l'acte attaqué. La preuve que l'acte du défunt a été fait dans un moment précis d'aliénation mentale, bien que suffisante en droit commun, ne pourra autoriser les juges à annuler un acte émané d'une personne décédée.

Cette disposition n'est pas nouvelle. On lit dans le recueil des actes de notoriété du Châtelet de Paris « quand l'imbécile est mort en possession de son état, ses héritiers ne seront pas admis à réclamer contre ses actes à moins qu'ils ne contiennent eux-mêmes la preuve de la démence, parce qu'il n'est pas permis d'attaquer l'état des morts. »

Le principe est double ; le législateur a pensé que l'héritier ne mérite aucune protection, et demeure responsable de la situation qu'il s'est faite lorsqu'il abandonne un parent à lui-même et néglige de le faire interdire. Cette première interprétation de l'article 504 ne nous paraît pas exacte. L'idée de déchéance ne saurait, en effet, s'étendre aux héritiers désignés par testament qui n'avaient aucun titre pour provoquer l'interdiction et ne sauraient être punis de ne l'avoir pas fait.

Puis les procès qui s'élèvent après la mort d'une personne, relativement à la validité de ses actes, nécessitent des enquêtes difficiles et des résultats douteux. Un système de preuve très rigoureux parut devoir mettre un terme à ces tristes débats (1).

Ce qui montre bien que tel est l'esprit de l'article 504 c'est l'exception qu'il fait pour le cas où la preuve est toute faite et résulte de l'acte même. On a objecté que si telle avait été la pensée du législateur, une simple provocation de l'interdiction n'eût pas suffi. Elle ne prouve pas en effet que la personne dont il s'agit rentre dans les conditions de l'article 489. Mais ce dernier système nous semble pourtant préférable, parce qu'on peut répondre à l'objection, que souvent provoquer l'interdiction est en même temps très pénible pour celui qui la provoque, très dangereux pour ses relations avec le parent qu'il veut faire interdire, et le seul moyen à sa disposition.

Il est nécessaire d'indiquer au moins, sinon de traiter en détails, les questions soulevées par l'interprétation de notre article.

1° Les actes de l'insensé pourront être attaqués si son interdiction a été prononcée ou provoquée avant son décès.

On considère cette condition comme accomplie lorsqu'une requête sincère et sérieuse est présentée à fins d'interdiction (2). La demande en interdiction formée avant le décès d'un individu dont on veut attaquer les actes, mais rejetée ou déclarée périmée, doit être considérée comme n'ayant pas été formée. L'article 504 suppose en effet une demande

1. Locré, *Légis.* t. 7, pp. 357, 371, 394. *Exposé des motifs* par Emmery; *Rapport au Tribunat* par Bertrand du Greuille; *Discours au Corps législatif* de Tarrible.
2. Demol. t. 8, n° 670; Laurent, t. 5, n° 325. Cass. 23 mai 1860, D. 1860, I, 350.

encore pendante au moment du décès, et non une demande
déclarée mal fondée ou réputée non avenue. Le désistement
aurait à ce point de vue le même effet que le rejet ou le
désistement.

L'interdiction « prononcée » doit s'entendre de celle qui
subsiste encore au moment du décès de la personne dont
l'acte doit être attaqué. Il n'était pas nécessaire que l'article 504 s'expliquât sur ce point, les héritiers de l'interdit
succèdent au droit qu'il avait lui-même d'attaquer les actes
par lui passés depuis l'interdiction.

Si l'on suppose le défunt aliéné, mais dans un état acci-
dentel de folie, on pourrait croire qu'il est possible d'appliquer l'article 504. En effet, l'interdiction ne pouvait pas être
poursuivie, et l'on ne peut reprocher aux héritiers de n'a-
voir pas demandé ce qu'ils n'avaient pas le droit de demander. Mais le texte de l'article 504 et ses motifs ne permettent pas d'admettre cette opinion. Après le décès d'une personne, que l'on prétend aliénée, les seules preuves autorisées
de démence sont l'interdiction, la provocation de l'interdiction, la preuve résultant de l'acte même du défunt. Aucune autre preuve n'est admissible. Le législateur aurait
rédigé l'article 504 en termes généraux et sans restriction,
s'il n'avait entendu limiter l'action des héritiers, en leur
refusant le droit de prouver qu'au moment où il a passé
l'acte, le défunt était incapable de consentir. Mais au contraire, il ne veut absolument reconnaître d'autre démence
que celle qui se manifeste dans l'acte même attaqué. Il eût
en effet été très dangereux d'admettre après la mort d'une

personne, des demandes en nullité fondées sur la démence, ne se présentant pas avec la preuve toute faite et obligeant toujours à des enquêtes déplorables et incertaines.

2. — Dans son rapport au Tribunat, faisant allusion à l'acte qui porte en lui-même la preuve de la démence, Bertrand du Greuille disait : « Dans ce cas, la preuve de l'incapacité du contractant résulte de son propre fait ; elle est claire, précise, irréfragable, elle est indépendante du témoignage incertain des hommes, et il est au surplus impossible que la justice puisse consacrer des dispositions qui appartiennent évidemment à la folie, au lieu d'être le fruit de la raison, de la réflexion et d'une saine liberté d'esprit » (1). Cette question de fait est décidée par les juges d'après les caractères de l'acte.

Dans les hypothèses prévues par l'article 504 la preuve à faire par les héritiers est variable. Elle est réduite à une question de fait lorsque l'acte d'où résulte la démence est invoqué. Quand l'acte ne prouve pas la démence, ils ont à prouver que l'interdiction a été prononcée ou provoquée. Pas de difficulté dans le premier cas : par cela seul qu'ils sont postérieurs à l'interdiction, les actes seront annulés. Dans le second, la démence est à prouver. Mais faudra-t-il établir, d'après le droit commun, qu'au moment où il a fait l'acte, le défunt était incapable de consentir ; ou fallait-il prouver la notoriété de la démence conformément à l'article 503 ? Nous pensons qu'il faut adopter la première de ces opinions, les exceptions doivent se réduire aux cas

1. Locré, t. 7, p. 374.

pour lesquels elles sont faites, or, l'article 503 est au
nombre des dérogations au droit commun. D'ailleurs il
suppose l'interdiction prononcée ; dans notre espèce au
contraire elle est simplement provoquée, le législateur ne
peut donc se montrer aussi large sur la preuve et se con-
tenter de la notoriété.

Quant à l'effet de l'annulation, si la démence résulte de
l'acte même, il sera prouvé que son auteur était, lors de la
confection de l'acte, en état d'aliénation mentale : l'acte
sera inexistant. De même si l'on admet que les héritiers
ont à prouver l'incapacité de consentir au moment où
l'acte a été passé. Il serait au contraire simplement annulable si les héritiers n'avaient à prouver que la démence
conformément à l'article 503. Quant à l'acte postérieur à
l'interdiction prononcée il n'y a pas de doute, il est seulement annulable.

Une question des plus importantes est celle de savoir si
l'article 504 s'applique aux actes à titre gratuit comme
aux actes à titre onéreux. Pour soutenir l'affirmative on
s'est fondé sur les termes de l'article 504. La généralité
des expressions dont se sert cet article semble exclure, a-t-
on dit, toute restriction. On a même ajouté : les actes à titre
gratuit sont plus susceptibles que d'autres de soulever des
contestations ; les soustraire à l'application de l'article 504
serait faire renaître les procès que le législateur a voulu
éviter (1).

Cette opinion n'est plus guère soutenue, les auteurs,

1. Delvincourt, t. 2, p. 58, note 8.

ainsi que la jurisprudence, s'accordent pour écarter l'article 504 en matière d'actes à titre gratuit.

La disposition de l'article 504 existait dans l'ancien droit. Mais alors on pensait que l'application s'en pouvait faire aux donations et aux testaments. Ainsi le décidait par arrêt du 30 juillet 1776 le parlement de Metz, et celui de Douai le 13 août 1783.

Les travaux préparatoires montrent clairement que les rédacteurs du Code n'ont pas entendu abandonner les traditions de l'ancienne jurisprudence. Dans le projet primitif on avait ajouté à l'article 901 un deuxième paragraphe ainsi conçu : « Les donations entre-vifs ou les testaments ne pourront être attaqués, pour cause de démence, que dans les cas et de la manière prescrite par l'article 504 (1). » Les conseillers d'État proposèrent à l'unanimité le rejet de ce deuxième paragraphe. M. Emmery, dans son rapport au Corps législatif, déclara formellement que l'article 504 ne devait s'appliquer ni aux donations entre-vifs, ni aux testaments. Il fut convenu qu'on procéderait à un second examen de la matière ; mais l'article 901 fut voté sans autre examen. Le seul rejet du second paragraphe, par les rédacteurs du Code, manifeste leur intention de restreindre l'application de l'article 901 aux actes à titre onéreux. Cette distinction se comprend : le tiers, qui traite à titre onéreux, veut éviter une perte ; celui qui reçoit à titre gratuit, cherche un bénéfice ; le second

1. Fenet, t. 12, p. 296.

est donc moins intéressant que le premier. D'ailleurs les actes à titre gratuit, dont nous parlons, auront été le plus souvent consentis au moment de la mort, au profit de donataires ou légataires qui auront abusé de la faiblesse du mourant.

———————

CHAPITRE II

« En rejetant la demande en interdiction, le tribunal pourra néanmoins, si les circonstances l'exigent, ordonner que le défendeur ne pourra désormais plaider, transiger, emprunter, recevoir un capital mobilier, ni en donner décharge, aliéner, ni grever ses biens d'hypothèques, sans l'assistance d'un conseil qui lui sera nommé par le même jugement. » Tels sont les termes de l'article 499.

L'incapacité de la personne, à qui est nommé un conseil judiciaire, est donc restreinte aux actes énumérés en l'article 499 et de nouveau pour le prodigue en l'article 513. D'ailleurs la procédure, qui donne lieu à la nomination du conseil judiciaire, et les causes qui mettent fin aux pouvoirs de ce conseil sont les mêmes qu'en matière d'interdiction, nous n'aurons plus à en parler.

Nous n'avons plus à nous attacher qu'à l'étude des incapacités énumérées plus haut.

La personne munie d'un conseil judiciaire ne peut plaider, c'est-à-dire figurer dans une action en justice mobilière ou immobilière, personnelle ou réelle, comme demandeur ou comme défendeur. Les termes des articles 499 et 513 nous obligent à l'admettre contrairement à la Cour

Cousin   11

de Cassation (1) d'une manière non pas seulement générale mais absolue. Nous ne voyons pas pour quelle raison, aux termes de l'arrêt, cette règle reçoit une exception « lorsqu'il s'agit d'une instance en interdiction, à raison de la nature, du but et des formes d'une pareille instance. »

Le faible d'esprit est aussi incapable de « consentir une transaction. La loi ne faisant aucune distinction nous n'exceptons pas même les transactions qui auraient des meubles pour objet.

De plus les personnes munies d'un conseil judiciaire ne peuvent contracter un emprunt valable sous quelque forme qu'il se déguise (2).

L'asssitance du conseil judiciaire est encore nécessaire au faible d'esprit pour « recevoir un capital mobilier et en donner décharge. » La conséquence logique est, selon nous, bien qu'aucun texte ne l'indique, l'obligation pour le conseil judiciaire de surveiller l'emploi des deniers.

On a douté que l'assistance du conseil fût nécessaire lorsque les deniers d'une succession devaient être touchés par le faible d'esprit. Deux cas sont à prévoir : les deniers peuvent se trouver dans la caisse du défunt, ou bien n'y être pas. Dans le premier cas, le conseil n'a pas besoin de toucher les sommes qui appartiennent au faible d'esprit depuis que la mort de leur auteur l'en a investi. Il devra, au contraire, percevoir lui-même les sommes dues par des tiers à la succession.

---

1. Cass. 15 mars 1858. — D. 1858, 1, 121.
2. Cass. 5 août 1840. — D. 1840, 1, 300.

L'article 499 défend en outre aux faibles d'esprit « d'aliéner leurs biens et de les grever d'hypothèques. »

La dernière de ces deux prohibitions n'a soulevé aucune difficulté, l'étendue de la première a au contraire été très vivement discutée.

L'article 513 est général, il ne nous paraît donc pas douteux qu'il s'applique indifféremment aux meubles et aux immeubles. La doctrine contraire mettrait aux mains des incapables des sommes considérables et prêterait aux dissipations. L'aliénation indirecte tombe aussi bien sous l'application de l'article 513 que l'aliénation directe. Le faible d'esprit ne pourra donc, sans l'assistance de son conseil, consentir un échange, renoncer à une prescription, procéder à un partage.

Quant aux actes à titre gratuit, on se demande si l'article 513 s'y applique comme aux actes à titre onéreux. Aucun doute n'est possible quant au testament, l'article 513 et l'article 499 n'exigent pas l'intervention du conseil. D'ailleurs le testament n'est pas pour le testateur une aliénation, s'il dépouille ses héritiers il ne se dépouille pas luimême, et le législateur a toujours considéré cet acte comme l'œuvre essentiellement libre et personnelle du testateur (articles 904 et 905). Il se pourrait cependant qu'il y ait lieu de recourir à la nullité de l'article 907. On a soutenu que la donation entre-vifs n'est pas au nombre des actes désignés par l'article 513. Cependant il faut remarquer que les modes d'aliénation se divisent en modes à titre gratuit, et modes à titre onéreux ; que l'article 217 exigeant l'autori-

sation maritale approche les deux idées de donation et
d'aliénation et que les termes de l'article 894. « La donation entre-vifs est un acte par lequel le donateur se dépouille
actuellement et irrévocablement de la chose donnée en
faveur du donataire qui accepte », rentrent parfaitement
dans le sens du mot aliénation, transférer à autrui son
bien.

Faut-il étendre cette prohibition à certains actes, qui, à
raison de leur caractère spécial, méritent la faveur de la
loi?

On a soutenu que l'article 513 ne saurait s'appliquer à
l'acte par lequel un père de famille constitue une dot au
profit de ses enfants. En négligeant ce moyen d'établir
leurs enfants les parents manqueraient à un devoir moral.
Puis donner à ses descendants n'est pas se dépouiller puisqu'il y a lieu à rapport des biens donnés dans la succession
du donateur (1).

Ces considérations ne sauraient avoir aucune valeur en
présence des articles 499 et 513 qui ne distinguent pas les
aliénations à titre onéreux des donations à titre gratuit. D'ailleurs le conseil autorisera toutes les fois que le motif sera
louable, et il y aurait de graves inconvénients à autoriser
le faible d'esprit à faire seul une constitution de dot. Quant
au rapport nous savons qu'il est inexact de dire qu'on ne
peut s'en affranchir ; c'est en effet un des résultats obtenus

1. Paris, 25 juin 1808, aff. Cazinaux.

par la renonciation. Enfin l'insolvabilité du donataire rendrait quelquefois le rapport illusoire (1).

On pourrait encore soutenir que l'article 513 ne s'applique pas aux donations de biens à venir, ni aux institutions contractuelles. On se fonderait sur ce que la donation de biens à venir n'implique pas plus que le testament dessaisissement actuel et devrait être permise pour ce même motif.

Nous pensons cependant que l'article 513 s'applique aussi à ces donations. Elles ont en effet avec les autres donations ce caractère commun qu'elles sont irrévocables. Le donateur de biens à venir aliène véritablement en renonçant au droit de disposer de sa fortune à titre gratuit.

Restent les donations entre époux. On sait qu'elles peuvent avoir lieu par contrat de mariage ou pendant le mariage, nous allons examiner successivement comment on doit les considérer. Les donations entre époux par contrat de mariage ayant pour objet des biens présents ou des biens à venir doivent être annulées : ce sont des aliénations qui tombent sous l'application de l'article 513. Les faibles d'esprit n'en peuvent donc consentir aucune.

Aucun texte ne relève non plus le faible d'esprit de l'incapacité prononcée contre lui, par conséquent les donations entre époux par contrat de mariage tomberont sous l'application de la règle générale de l'article 513.

On ajoute que du moment où le mariage est valable, les conventions matrimoniales et les donations qu'elles contiennent doivent être maintenues. Mais la raison n'est pas

1. Montpellier, 1 juillet 1840, aff. Médal.

concluante, la maxime « *habilis ad nuptias, habilis ad pacta nuptialia* » n'est reproduite nulle part comme règle générale. L'article 1398 en a fait un privilége pour les mineurs, on ne saurait donc l'étendre par une analogie qui reposerait sur des situations qui ne sont pas identiques. Le mineur assisté des personnes dont le consentement est nécessaire à la validité de son mariage n'est pas comme le faible d'esprit sans l'assistance de son conseil judiciaire complètement livré à ses inspirations.

Quelques personnes refusent d'annuler les pactes en vue du mariage quand le mariage lui-même est maintenu. Il est facile de comprendre que la nullité du mariage, en entraînant la nullité des conventions faites dans ce but, laisse absolument entière la question de savoir si la validité du mariage n'est pas indépendante de la validité des conventions matrimoniales.

Il est vrai que les espérances du futur conjoint pourront en éprouver un préjudice ; mais à un point de vue plus général il importe que le faible d'esprit soit protégé contre sa propre faiblesse par l'intervention du conseil à l'acte.

Doit-on en dire autant des donations consenties pendant le mariage ? La négative s'est fondée sur l'idée que les donations faites pendant le mariage sont révocables à la volonté de l'époux donateur, n'emportant pas aliénation, au moins aux termes de l'article 513.

Ce n'est pas, à ce qu'il nous semble, bien comprendre le caractère de ces libéralités. Les libéralités entre-vifs ne sont, en effet, révocables, que dans un certain nombre de cas déterminés ; en outre, la révocation quand elle est possible ne s'opère pas de plein droit, mais doit être prononcée en justice (articles 956 et 957). Pourtant il a été dérogé aux principes en faveur des donations faites durant le mariage et en considération des rapports particuliers qui existent entre époux ; elles ont été déclarées résolubles « *ad nutum.* » Ce n'est point qu'elles n'emportent pas aliénation, et que sans aucune assistance le prodigue a pleine capacité pour les consentir.

Le législateur a voulu éviter le scandale et la douleur d'un débat public et contradictoire en révocation de libéralités au profit du conjoint. Ce principe a été posé que les donations entre conjoints pourront être révoquées sans jugements et par le seul fait de la déclaration de volonté du donateur ; sans empêcher que dans le temps où elle a été faite, la donation ait eu pour effet immédiat et nécessaire de transférer au donataire la propriété des biens donnés.

Le faible d'esprit peut se marier sans l'assistance de son conseil, mais peut-il y avoir des conventions matrimoniales valables ? Nous avons déjà dit un mot de cette question relativement aux donations de biens à venir consenties par contrat de mariage, mais il importe d'y revenir. Quelques auteurs appliquent à la lettre la règle « *Habilis ad nuptias.* » Nous devons repousser cette doctrine : la règle générale sur laquelle elle repose n'a jamais été formulée avec cette étendue ; et ce serait retomber dans le défaut d'une doctrine très accréditée en matière d'interdiction, que laisser faire les actes les plus dangereux et n'empêcher que ceux qui sont inoffensifs. Les auteurs sont tombés dans le défaut contraire à leur première théorie. Le faible d'esprit ne peut, d'après eux, consentir aucune convention matrimoniale et s'il se marie sans contrat il est soumis au régime de la séparation de biens et pas de la communauté légale. Dans leur opinion le faible d'esprit ne peut aliéner directement ni indirectement, par conséquent il est incapable de contracter une convention matrimoniale emportant aliénation. S'il ne fait pas de contrat, il ne sera pas marié sous le régime de la communauté légale. En effet, c'est en réalité une convention à laquelle les époux se sont soumis en n'établissant pas de règles spéciales. Le faible d'esprit n'y sera pas soumis, parce qu'indirectement il consentirait une aliénation de meubles.

C'est là une appréciation spécieuse, il est vrai, mais aussi certainement fausse de la communauté légale. En effet, c'est plus qu'une convention, c'est une nécessité imposée aux époux par le législateur. C'est, du reste, violer ouvertement les articles 1393 et 1400. Le faible d'esprit, marié sans contrat, est soumis au régime de communauté, mais les conventions qui tendraient à restreindre les aliénations du régime de communauté légale, sont valables.

En dehors des actes compris dans l'énumération des articles 499 et 513, le faible d'esprit conserve sa pleine capacité. Il conserve le gouvernement de sa personne et l'exercice de ses droits de famille. Il lui est permis de changer de domicile, de se marier, de consentir une adoption, de reconnaître un enfant naturel. Il peut être

membre d'un conseil de famille et tuteur, l'article 442
n'exclut que l'interdit. Cependant on lui ferait application
de l'article 444 si son inconduite notoire ou son incapacité
rendaient nécessaire de l'écarter.

On s'est demandé si le mari, pourvu d'un conseil judiciaire, peut autoriser sa femme à passer des actes que lui-
même ne saurait faire sans assistance. Quelques-uns se con-
tentent de l'intervention du conseil judiciaire. C'est lui donner, sur la femme, un pouvoir en dehors de ses attributions.
D'autres, en vertu de l'article 222, conservent l'autorisation
au mari, les interdits sont les seuls visés par l'article 222.
Nous répondons avec une dernière opinion : la capacité du
mari, quant à l'autorisation qu'il donne à sa femme, est
limitée à sa capacité personnelle. D'autre part, l'article 222
a prévu les cas les plus ordinaires où le mari ne peut manifester sa volonté et a substitué l'autorisation de justice à
celle du mari dans tous ces cas. Mais comme il n'était pas
possible de descendre dans le détail des actes, le Code
civil s'est contenté d'établir une règle générale que nous ne
devons pas restreindre aux termes précis de sa formule.

Les actes d'administration, baux, réception des revenus,
actes conservatoires de droits, vente de récoltes, aliénations
de mobilier corporel sont permis aux faibles d'esprit. De
même ils peuvent engager leurs services dans la mesure où
ces actes seront des actes d'administration, question de fait
qui se posera devant les tribunaux (1).

Il peut, assisté de son conseil judiciaire, faire un acte isolé

1. Demol. t. 8, n° 749.

de commerce, mais pas être commerçant : c'est-à-dire les faire habituellement. L'autorisation générale serait nulle, l'assistance spéciale serait impossible en pareil cas. Ce n'est pas le priver de profits légitimes, c'est empêcher une profession qui promptement amènerait une ruine.

La jurisprudence décide que le prodigue peut consentir une rente viagère (1). Mais cette solution éludée par le considérant de la Cour (2) est inadmissible : la rente viagère suppose en effet aliénation d'un capital.

Nous avons vu les actes possibles au faible d'esprit tant avec l'assistance du conseil judiciaire que sans elle.

Lorsque les actes dans lesquels l'assistance du conseil est nécessaire ont été accomplis conformément à l'article 513, les actes sont valables. Disons un mot de la nature de l'assistance requise : 1° le conseil figure dans l'instance lorsqu'il s'agit d'actes judiciaires, c'est en son nom comme en celui du faible d'esprit que la demande est introduite, il est actionné avec le faible d'esprit défendeur. Il en résulte qu'aucun acte judiciaire, appel ou pourvoi, ne peut être valablement fait contre l'individu pourvu d'un conseil, sans l'assistance de celui-ci (3).

Quant aux actes extrajudiciaires, la coopération du conseil à l'acte a paru nécessaire dans une certaine opinion. Beaucoup d'auteurs enseignent cependant qu'un acte isolé émané

1. Paris, 12 déc. 1835.
2. « Considérant que la rente viagère consentie par la dame C, n'est que le prix des services rendus par M, son domestique tant à elle qu'à son mari décédé. »
3. Besançon, 11 janvier 1851. — D. 1851, 2, 61.

du conseil judiciaire peut suffire pourvu que le caractère, les conditions et clauses de l'opération aient été nettement précisés dans l'acte qui contient l'assistance du curateur soit annexé à l'acte principal. En un mot, il faut, selon la jurisprudence, que l'autorisation soit expresse, spéciale et antérieure à l'acte. Nous pensons (1) que le conseil ne pourrait pas prêter son assistance dans une affaire où il aurait lui-même un intérêt personnel. La jurisprudence a même annulé la vente d'une maison sous prétexte que le conseil en autorisant cette vente avait eu en vue de pouvoir obtenir du tiers acquéreur, une hypothèque sur l'immeuble aliéné (2).

Aucun texte ne s'est expliqué sur l'effet de nullité des actes consentis par le prodigue sans l'assistance du conseil judiciaire ; on est généralement d'accord qu'il faut appliquer l'article 502, c'est-à-dire que le faible d'esprit seul la peut demander, article 1125, qu'elle doit être prononcée indépendamment de toute lésion, qu'elle est susceptible de ratification et recevable dix ans.

Il est plus délicat de déterminer le point de départ des dix ans, sera-ce le jugement de mainlevée ou le jour même où l'acte a été passé ?

Nous pensons qu'il faut adopter la première opinion ; la prescription de l'article 1304 repose en effet sur l'idée de ratification tacite ; elle ne court que contre les personnes capables de faire une ratification valable ; or le faible d'esprit

1. T. 8, n° 759 bis. Demol.
2. Cass. 13 juin 1860. — D. 1860, 1, 503.

sans l'assistance de son curateur est dans ce cas jusqu'à la mainlevée du jugement d'interdiction. On ne peut d'ailleurs tirer argument de ce que la prescription de trente ans court contre le faible d'esprit ; le principe de ces deux prescriptions est tout différent : la première repose sur une idée de ratification tacite, la seconde sur la nécessité de mettre un terme à des procès fort difficiles.

Il peut arriver que le conseil judiciaire refuse d'assister le faible d'esprit, ou que celui-ci, malgré les sollicitations du conseil judiciaire, reste dans l'inaction.

On admet que dans la première hypothèse le faible d'esprit ne sera pas irrévocablement tenu en échec par le refus d'assistance de son conseil. Mais on a proposé plusieurs moyens d'atteindre ce but : la substitution de l'autorisation de justice à celle du conseil judiciaire. Nous ne voyons aucune raison d'étendre à la matière qui nous occupe la règle posée par le Code civil pour l'autorisation maritale. Les commentateurs s'accordent presque tous pour ne pas abandonner le faible d'esprit à la mesure du conseil judiciaire et permettent de demander au président du tribunal sur requête la destitution du conseil judiciaire ou la nomination d'un conseil « ad hoc. »

Dans l'hypothèse où le faible d'esprit refuse d'agir malgré les instances du conseil judiciaire, il ne nous paraît pas admissible que le conseil judiciaire puisse agir seul. Son rôle est d'assister, mais pas de représenter.

C'était aussi la règle admise dans l'ancienne jurisprudence. Le nouveau Denizart s'en explique dans les termes

suivants : « Le conseil nommé par justice ne peut pas agir
pour celui à qui il est donné. »

Fin de l'incapacité du faible d'esprit.

Le décès, le jugement emportant mainlevée du conseil
judiciaire, font cesser l'incapacité pour faiblesse d'esprit de
celui à qui ils ont été nommés.

Du reste l'article 514-2ᵉ alinéa disant que « la défense
de procéder sans l'assistance d'un conseil ne peut être
levée qu'en observant les formalités employées pour la prononcer reste en parfaite harmonie avec l'article 512 et nous
permet de nous reporter à ce qui a été dit de la mainlevée
de l'interdiction. »

Cependant nous avons une différence à signaler relativement à la compétence du tribunal. Le faible d'esprit peut
se choisir un domicile, le tribunal de ce domicile est apte à
statuer sur cette question relative à l'état de sa personne (1).
Le tribunal prendra d'autant plus de précautions que le
faible d'esprit lui sera moins connu.

La mort du conseil judiciaire ne fait pas cesser l'incapacité du faible d'esprit dans l'intervalle qui s'écoule
jusqu'à la nomination d'un conseil nouveau. C'est aussi
bien l'intérêt des tiers que celui du prodigue.

Enfin comme la société est toujours intéressée à ce que

1. Cass. 14 déc. 1840. — D. 1841, 1, 81.

le citoyen libre ne perde pas l'exercice de ses droits ou à ce qu'il les recouvre, l'article 515 décide que dans toute la matière de l'interdiction, à tous les degrés de juridiction le ministère public sera appelé à donner ses conclusions.

CHAPITRE III

LOI DU 30 JUIN 1838

*Capacité des personnes non interdites placées
dans les établissements d'aliénés.*

Aux termes du Code Napoléon l'aliéné non interdit était soumis aux règles du droit commun, les actes étaient valables et pour être annulés devaient manquer d'une condition essentielle aux contrats. L'état habituel de démence contemporain de l'acte ne pouvait être invoqué pour en motiver l'annulation.

Les rédacteurs de la loi du 30 juin 1838 se sont proposés d'améliorer la situation des insensés en créant des établissements destinés au traitement de leurs maladies. En outre ils ont introduit d'importantes modifications dans le droit civil en créant une condition spéciale d'incapacité pour les personnes placées dans les établissements d'aliénés. Nous allons étudier le point de départ de cette incapacité, ses caractères et les causes qui y mettent fin.

§ 1. — *Point de départ de l'incapacité.*

Aux termes de l'article 39 de la loi de 1838, l'incapacité

speciale dure tout le temps que l'aliéné est retenu dans l'établissement d'aliénés, sans que son interdiction ait été prononcée ni provoquée. Son point de départ est donc dans le fait même du placement. Ces placements peuvent être forcés. « A Paris, le préfet de police, et dans les départements les préfets ordonnent d'office le placement dans un établissement d'aliénés de toute personne interdite ou non interdite dont l'état d'aliénation mentale compromettrait l'ordre public ou la sûreté des personnes. L'article 19 ajoute : « En cas de danger imminent attesté par le certificat d'un médecin ou par la notoriété publique, les commissaires de police à Paris, et les maires dans les autres communes, ordonneront à l'égard des personnes atteintes d'aliénation mentale toutes les mesures provisoires nécessaires à la charge d'en référer dans les vingt-quatre heures au préfet qui statuera sans délai. »

D'autres placements sont volontaires, l'article 8 de la loi en parle spécialement. Nous résumerons ces dispositions dans les conditions suivantes : 1° les pièces prouvant l'individualité du requérant et de la personne dont le placement est requis ; 2° le certificat du médecin datant de moins de quinze jours. En cas d'urgence, les chefs des établissements publics peuvent se dispenser d'exiger le certificat du médecin.

Telles sont les circonstances du fait matériel qui donne naissance à l'état d'incapacité dont nous allons parcourir les caractères.

§ 2. — *Caractères de l'incapacité de l'aliéné non interdit.*

Nous avons à examiner ici l'incapacité dont est frappé l'aliéné, et à rechercher les personnes à qui est déféré le soin de veiller sur sa personne et d'administrer ses biens.

I

Nous nous bornerons à étudier quels droits civils au sens de droits privés l'aliéné non interdit ne peut exercer.

Le certificat de son placement suffit pour établir qu'il est dans l'impossibilité de manifester sa volonté, et dispense, quant aux droits de famille, ses enfants de demander son consentement à leur mariage.

Du reste l'incapacité dont nous parlons est réglée d'une manière plus générale par l'article 39 de la loi de 1838 : « Les actes faits par une personne placée dans un établissement d'aliénés pendant le temps qu'elle y aura été retenue, sans que son interdiction ait été prononcée ou provoquée, pourront être attaqués pour cause de démence, conformément à l'article 1304 du Code civil. Les dix ans de l'action en nullité courront, à l'égard de la personne retenue qui aura souscrit les actes, à dater de la signification qui lui en aura été faite ou de la connaissance qu'elle en aura eue après sa sortie définitive de la maison d'aliénés, et à l'égard de ses héritiers, à dater de la signification qui

leur en aura été faite ou de la connaissance qu'ils en auront eue, depuis la mort de leur auteur. Lorsque les dix
ans auront commencé à courir contre celui-ci, ils conti-
nueront à courir contre les héritiers. »

Ce qui frappe d'abord, c'est le pouvoir discrétionnaire
laissé aux juges de recourir à toutes les voies d'information,
d'admettre et de rejeter la demande en nullité suivant la
conviction qu'ils se sont formée.

Est-il exact de dire (1) que « la présomption n'est bien
nettement ni d'un côté ni de l'autre, et que les magistrats
ont, en ces sortes d'affaires, un pouvoir discrétionnaire
pour apprécier en fait la validité ou la nullité de l'acte
attaqué. »

L'article 39 ne disant rien de la question et la discussion de la chambre des Pairs n'ayant jeté sur elle aucune lumière (2) expliquent cette solution.

Mais une pareille doctrine manque pour être admise de
précision et de consistance. Quant à nous, il nous semble
que le législateur a voulu déclarer annulables tous les actes
faits par un individu pendant son séjour dans un établissement d'aliénés ; sauf la preuve, contraire à faire par les in-
téressés. Celui qui allègue que l'acte attaqué a été fait pendant un intervalle lucide élève en effet, une prétention peu
vraisemblable lorsqu'il y a déjà eu placement de l'individu
dans un établissement d'aliénés. Il est donc bien équitable
que la preuve lui incombe. Il serait d'ailleurs bien rigou-

1. T. 8, n° 853. Demol.
2. Moniteur du 14 février 1838.

reux de forcer l'aliéné ou ses héritiers à rappeler le pénible tableau des faits de démence. Il est vrai que notre solution sera dure pour les tiers, mais souvent ces tiers auront été des spéculateurs peu dignes d'intérêt.

Nous avons à déterminer le caractère de cette nullité. C'est à notre avis une nullité relative. Nous en concluons que l'aliéné et ses successeurs peuvent seuls la proposer article 1125 ; qu'elle permet la ratification ou la confirmation, article 1338 ; qu'elle ne peut être invoquée que pendant dix ans, article 1304.

Notons en passant une particularité très remarquable de cette nullité. La sortie de l'établissement ne suffit pas pour faire courir le délai, l'article 39 exige que l'ex-aliéné acquière une nouvelle connaissance de l'acte qu'il a souscrit, mais peu importe que ce soit par ratification ou autrement. Le point de départ sera le même contre les héritiers de l'aliéné. Mais il faut observer que le délai ne recommence pas à leur égard lorsqu'il avait commencé à courir contre leur auteur. Le législateur de 1838 a voulu éviter que la prescription de l'action en nullité pût courir contre l'aliéné à son insu et à son grand détriment.

L'article 39 prévient une difficulté qui aurait pu se présenter quant à l'étendue de son application ; il exclut ceux dont l'interdiction a été prononcée ou provoquée, de sorte que dans le cas où l'interdiction aura été provoquée, le point de départ du délai sera le jugement de mainlevée de l'interdiction et dans le cas contraire la signification ou la connaissance qu'on aura de l'acte depuis la sortie de l'établissement d'aliénés. Il ne servira donc en rien a ce point de vue d'y interner un interdit.

II

L'incapacité de la personne placée dans un établissement d'aliénés, l'imprudence où serait celui qui voudrait traiter avec un tel individu rendirent nécessaire la nomination d'une personne chargée de gérer la fortune de l'aliéné. Le législateur y a pourvu très largement. Un des protecteurs légaux de l'aliéné est nommé par la justice pour prendre soin de la personne ; l'autre institué d'office ou choisi par le tribunal selon les cas, est chargé de la gestion des biens, ce sont le curateur à la personne et l'administrateur provisoire.

L'article 38 est très net sur la manière dont se choisit le curateur à la personne et sur les fonctions dont il est investi. « Sur la demande de l'intéressé, de l'un de ses parents, de l'époux ou de l'épouse, d'un ami ou sur la provocation d'office du procureur impérial, le tribunal pourra nommer en chambre du conseil par jugement non susceptible d'appel, en outre de l'administrateur provisoire, un curateur à la personne de tout individu non interdit placé dans un établissement d'aliénés, lequel devra veiller : 1° à ce que ses revenus soient employés à adoucir son sort et à accélérer sa guérison ; 2° à ce que ledit individu soit rendu au libre exercice de ses droits aussitôt que sa situation le permettra. Ce curateur ne pourra être choisi parmi les héritiers présomptifs de la personne placée dans un établissement d'aliénés. » Cet article rappelle la règle d'après laquelle l'ancien droit séparait toujours le bail de la garde.

Quant à l'ensemble des mesures prises pour la sauvegarde des intérêts pécuniaires de l'aliéné, nous avons à distinguer si l'aliéné est placé dans un établissement public ou dans un établissement privé.

Dans le premier cas la commission de surveillance de l'établissement est investie du droit d'administration de ses biens, et délègue un de ses membres à ces fonctions. L'administrateur ainsi désigné procède au recouvrement des sommes dues à la personne placée dans l'établissement et à l'acquittement de ses dettes, passe des baux qui ne peuvent excéder trois ans, et peut même, en vertu d'une autorisation spéciale accordée par le président du tribunal civil, faire vendre le mobilier. Les sommes provenant, soit de la vente, soit des autres recouvrements, sont versées directement dans la caisse de l'établissement, et employées s'il y a lieu au profit de la personne qui y est placée. Le cautionnement du revenu est affecté à la garantie desdits deniers par privilège aux créances de toute autre nature. L'article 31 contient toutes ces dispositions.

Sur la provocation du conseil de famille, ou sur la demande de la famille ou du ministère public, cette administration provisoire fait place à un administrateur provisoire nommé par le tribunal en chambre du conseil conformément à l'article 497, C. civ., après délibération du conseil de famille et sur les conclusions du ministère public. C'est ce qui résulte de l'article 32.

L'article 34 applique à ces administrateurs les causes de dispense, incapacité, exclusion, destitution de la tutelle.

Nous ne trouvons pas dans l'article 32 la détermination des attributions de l'administration provisoire, mais nous pensons que d'après la dénomination qu'ils ont reçue, leurs pouvoirs sont limités à l'administration nécessaire (1).

Du reste, ce raisonnement se confirme par les indications de l'article 31.

Souvent des actes seront nécessaires qui dépasseront l'administration. Deux cas ont été prévus : les procès et les inventaires, comptes ou partages. Dans le premier cas, un mandataire spécial est nommé par le tribunal, soit sur la demande de l'administrateur provisoire, soit à la requête du ministère public. Dans le second cas, à défaut d'administration provisoire le président, à la requête de la partie la plus diligente, commet un notaire, pour représenter les personnes non interdites placées dans les établissements d'aliénés, article 36.

Notons qu'il faut supposer une acceptation de la part de l'aliéné, antérieurement à l'interdiction.

Nous ne pouvons étendre ces mesures exceptionnelles ; il en résulte que l'interdiction deviendra nécessaire pour tous autres actes de disposition. Il importe du reste, si la situation se prolonge, que des demi mesures on passe à une situation mieux tranchée et sans incertitudes.

L'article 35 peut se rattacher à cette théorie générale. « Dans le cas où un administrateur provisoire aura été

1. T. 8, n° 828. Demol.

nommé par jugement, les significations à faire à la personne placée dans un établissement d'aliénés seront faites à cet administrateur. Les significations faites au domicile pourront, suivant les circonstances, être annulées par les tribunaux. Il n'est point dérogé aux dispositions de l'article 173, C. com. »

Cette dernière disposition excepte les protêts à cause du délai de vingt-quatre heures dans lequel doit être fait le protêt. La dénonciation du protêt se fait dans les quinze jours suivants, mais elle n'est pas comprise dans l'exception.

L'article 34 énumère les garanties à fournir par l'administrateur provisoire : le tribunal pourra constituer sur ses biens une hypothèque générale ou spéciale jusqu'à concurrence d'une somme déterminée par le jugement. Dans la quinzaine, elle est inscrite à la requête du ministère public et date de cette inscription.

La fortune de l'administrateur sans expérience, sa probité seront à considérer pour le tribunal.

Nous pensons qu'une fois dessaisi de la demande en nomination d'un administrateur, le tribunal ne peut plus, par jugement postérieur, imposer à l'aliéné des garanties.

Le décès de l'administrateur provisoire, celui de l'aliéné, la sortie de l'établissement, le laps de trois ans, mettent fin à l'administration provisoire. Dans ce dernier cas, l'administrateur peut être prorogé dans ses fonctions. On discute la question de savoir si l'administrateur peut refuser de reprendre ses fonctions.

Pour la négative, on invoque les inconvénients de nombreux changements d'administration. On peut encore soutenir que les tribunaux retrouvent au bout de trois ans leur droit de nomination sans aucun amoindrissement.

Nous ne croyons pas qu'il faille admettre cette opinion si spécieuse ; l'article 37, en effet, ne contient aucun renvoi à l'article 34. Et si le législateur a voulu renouveler tous les trois ans l'administration, c'est qu'il a jugé qu'après un temps plus long elle pourrait être une trop lourde charge.

Fin de l'incapacité des personnes non interdites.

L'incapacité de l'aliéné telle qu'elle est organisée par la loi de 1838, cesse lorsque l'aliéné sort de l'établissement où il était enfermé.

Le législateur a déterminé à quelles personnes appartient le droit de requérir la sortie de l'aliéné ; ce sont l'autorité administrative, l'autorité judiciaire, le médecin et certains particuliers.

1° Sans distinguer l'établissement où s'est fait le placement, le préfet peut toujours faire sortir de l'établissement d'aliénés la personne qui y est retenue. C'est la conséquence de son droit de contrôle facilité par la notification de chaque placement et les rapports mensuels sur l'état de chaque malade (article 20).

2° En outre, aux termes de l'article 29 toute personne placée ou retenue dans un établissement d'aliénés, son tuteur, si elle est mineure, son curateur, tout parent ou ami pourront, à quelque époque que ce soit, se pourvoir devant le tribunal du lieu de la situation de l'établissement qui, après les vérifications nécessaires, ordonnera, s'il y a lieu, sa sortie immédiate. Les personnes qui auront demandé le placement et le procureur du roi d'office pourront se pourvoir aux mêmes fins. Dans le cas d'interdiction, cette demande ne pourra être formée que par le tuteur de l'interdit. La décision sera rendue sur simple requête, en chambre du conseil, et sans délai, elle ne sera point motivée.

3° L'article 13 décide que toute personne placée dans un établissement d'aliénés, cessera d'y être retenue aussitôt que les médecins de l'établissement auront déclaré sur le registre énoncé en l'article précédent, que la guérison est obtenue. S'il s'agit d'un mineur ou d'un interdit avis de la déclaration est immédiatement donné aux personnes à qui il doit être remis, et au procureur du roi.

4° Enfin peuvent requérir la sortie de l'aliéné : 1° le curateur désigné par l'article 38 ; 2° l'époux ; 3° l'ascendant s'il n'y a pas d'époux ; 4° les descendants ; 5° la personne qui a fait la demande d'admission, à moins qu'un parent s'oppose à ce qu'elle le fasse sans l'avis du conseil de famille ; 6° toute personne autorisée du conseil de famille.

Les oppositions se font au chef de l'établissement. Le conseil de famille prononce sur elles.

Le médecin d'avis que l'état mental du malade pourrait compromettre l'ordre public et la sûreté des personnes en donne connaissance au maire qui peut ordonner un sursis provisoire à charge d'en référer dans les vingt-quatre heures au préfet. Ce sursis cesse de plein droit à l'expiration de la quinzaine, si dans ce délai le préfet ne donne pas d'ordres contraires conformément à l'article 21. L'ordre est transcrit sur le registre exigé par l'article 12.

Le tuteur peut requérir la sortie de l'aliéné mineur.

L'intervention du médecin n'est pas recevable lorsque le placement émane d'un ordre de l'autorité publique. La rubrique de la section nous prouve que l'article 13 n'est applicable qu'aux placements volontaires.

POSITIONS

DROIT ROMAIN

I. — Il y avait encore des curateurs légitimes à l'époque de Justinien.

II. — Le fils de famille fou ne pouvait être donné en adoption ni émancipé.

III. — Le fou ne peut contracter d'obligations naturelles.

IV. — Le fils de famille du fou pouvait faire adition d'hérédité sans l'ordre de son père, l'esclave ne le pouvait sans l'ordre de son maître.

V. — Le délai pendant lequel on devait demander la « *bonorum possessio edictalis* » ne courait pas contre le fou.

DROIT FRANÇAIS

I. — Le mineur peut être interdit.

II. — Nul ne peut provoquer sa propre interdiction.

III. — L'interdit ne peut pendant un intervalle lucide, se marier, reconnaitre un enfant naturel, disposer par testament.

IV. — L'aliéné n'a pas à faire la preuve de sa folie lorsqu'il veut se prévaloir de l'article 39 de la loi de 1838 pour des actes postérieurs à son entrée dans l'établissement d'aliénés.

V. — L'administrateur provisoire judiciaire de l'aliéné peut refuser d'exercer de nouveau ces fonctions au bout de trois années.

VI. — L'adjudicataire évincé d'un immeuble vendu sur saisie a contre le saisi une action en répétition du prix et une action en garantie contre lui dans certains cas, il peut avoir ces mêmes actions contre le poursuivant, mais jamais contre les créanciers colloqués ?

VII. — L'acquéreur sous condition résolutoire d'un immeuble hypothéqué peut purger.

DROIT CRIMINEL

I. — La prescription du délit d'habitude d'usure court de la dernière stipulation usuraire et non de la dernière perception,

II. — Pour interrompre le cours de la prescription les actes d'instruction ou de poursuite doivent avoir été faits pendant la première période de dix ans ou de trois ans à compter du jour où s'est accompli le crime ou le délit.

DROIT DES GENS

I. — Les jugements rendus par l'autorité française, dans les pays cédés par la France, conservent sur notre territoire toute la force exécutoire que nos tribunaux leur ont conférée.

II. — Les Alsaciens-Lorrains devenus Allemands peuvent recouvrer la qualité de Français en invoquant l'article 18 du Code civil, sans être obligés de remplir les formalités imposées aux étrangers pour obtenir la naturalisation.

Vu par le Président de la thèse,
COLMET DE SANTERRE.

Vu par le Doyen,
Ch. BEUDANT.

Vu et permis d'imprimer,
Le Vice-Recteur de l'Académie de Paris,
GRÉARD.

Imp. A. DERENNE, Mayenne. — Paris, boulevard Saint-Michel, 52.

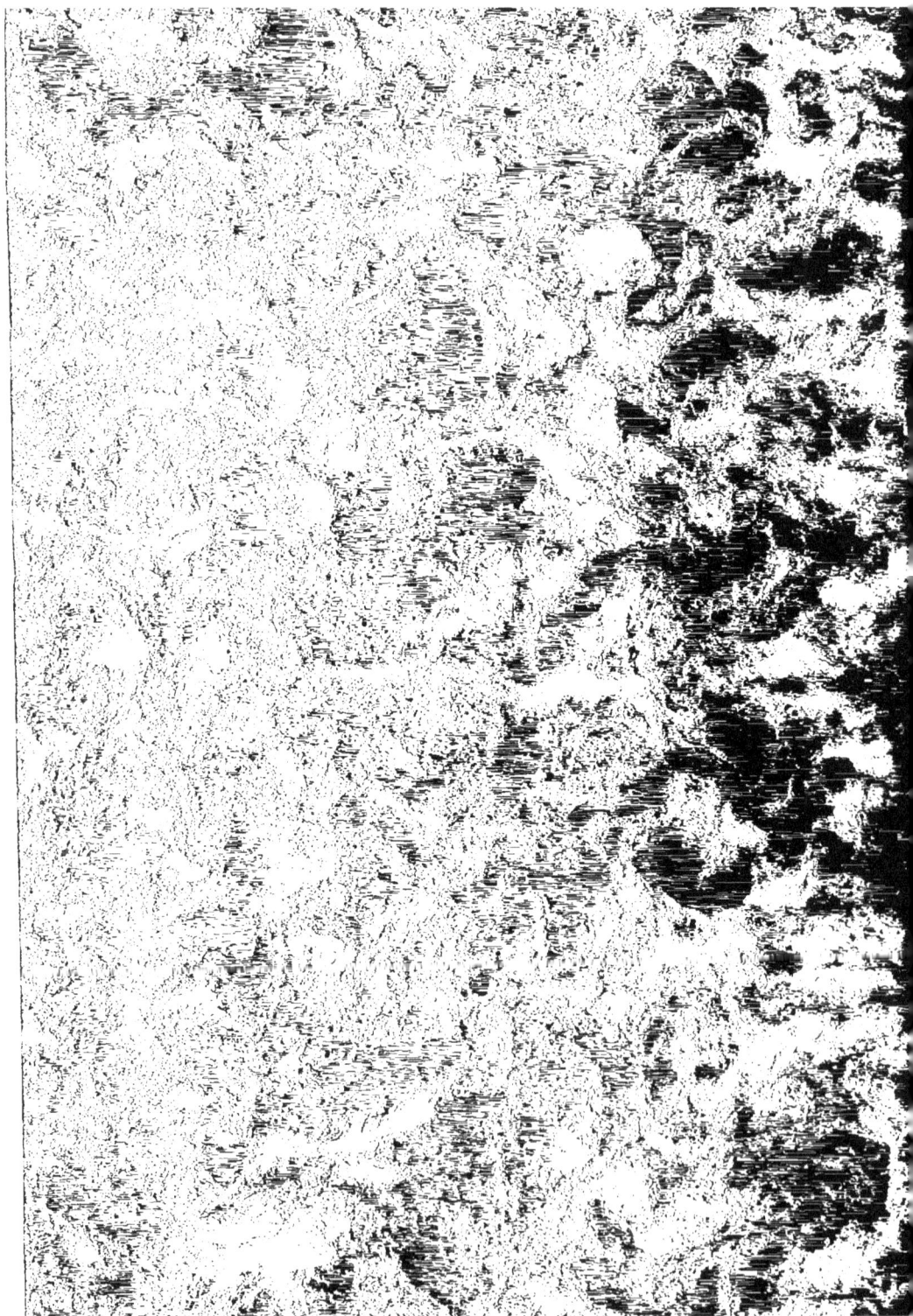

www.ingramcontent.com/pod-product-compliance
Lightning Source LLC
Chambersburg PA
CBHW060527210326
41519CB00014B/3155